LA POPULARITÉ,

COMÉDIE EN CINQ ACTES, EN VERS,

PAR

CASIMIR DELAVIGNE,

DE L'ACADÉMIE FRANÇAISE.

PARIS.
H. DELLOYE, LIBRAIRE,
RUE DES FILLES-SAINT-THOMAS, 13.

LEIPZIG.
BROCKHAUS ET AVENARIUS.

M DCCC XXXIX.

LA
POPULARITÉ.

D'après la volonté expresse de l'auteur, cette pièce ne sera jamais insérée, soit dans la *France dramatique*, soit dans le *Magasin théâtral*, ou dans toute autre Collection analogue.

H. D<small>ELLOYE</small>.

LA POPULARITÉ,

COMÉDIE EN CINQ ACTES, EN VERS,

PAR

CASIMIR DELAVIGNE,

DE L'ACADÉMIE FRANÇAISE.

REPRÉSENTÉE SUR LE THÉATRE FRANÇAIS LE 1er DÉCEMBRE 1838.

3e ÉDITION.

PARIS.
H. DELLOYE, LIBRAIRE,
RUE DES FILLES-S.-THOMAS, 13.

LEIPZIG.
BROCKHAUS ET AVENARIUS.

M DCCC XXXIX.

A
MON FILS.

Cher espoir de deux cœurs, comme leur doux tourment,
    A toi cette œuvre au théâtre applaudie!
Ces vers qu'à peine, ami, tu liras couramment,
    Ta mère veut que je te les dédie.

Lorsqu'au lever du jour la blanche épine en pleurs
    Aux pommiers blancs refleurit enlacée,
Que la Saint-Adjutor, toute blanche de fleurs,
    Rit au vallon comme une fiancée [1] ;

[1] Fête du hameau de la Madeleine, au mois d'avril.

J'y rêvais à ces vers, sur l'herbe où nous tremblons
    Pour un faux pas fait par toi quand tu joues,
Où tu viens méchamment tendre tes cheveux blonds
    A nos baisers qui cherchent tes deux joues.

Maintes fois ce long mot, la popularité,
    Mes yeux t'ont vu l'épeler dans l'histoire,
Et grâce au doigt charmant sur la ligne arrêté,
    Grâce à ta mère, en sortir avec gloire.

Triomphant je riais; elle, riait aussi.
    Tu lisais, toi, ce mot sans le comprendre;
Jeux, bruit, folâtres soins t'en ôtent le souci,
    Et de longtemps tu ne le voudras prendre.

Mieux te plaît, n'est-ce pas, glisser à ton réveil
    Tes doigts furtifs sous les feuilles humides,
Où le fraisier des bois cache un fruit moins vermeil
    Que l'incarnat de tes lèvres avides?

Mieux te plaît, cher démon, quand des papillons bleus,
  Nacrés, dorés, l'essaim brillant t'appelle,
Sur les roses de mai te jouer avec eux
  Dans les rayons où leur vol étincelle ;

Mieux encor, sur tes pas traîner en souverain
  L'énorme chien, qui, la tête pendante,
Souffre, géant soumis, que ta petite main
  Insulte aux crocs de sa gueule béante.

Esclave aussi terrible et plus souvent flatté,
  Le peuple est doux aux maîtres qu'il tolère,
Et ce qu'on nomme, enfant, la popularité,
  C'est son amour qu'un rien change en colère ;

Amour plus fugitif que n'est la goutte d'eau,
  Ta gloire, à toi, quand ton souffle en colore
Le globe qui, tremblant au bout du chalumeau,
  Te semble un monde, éclate et s'évapore.

Amour, dont cependant tu dois peut-être un jour
  Poursuivre aussi la faveur passagère;
Et, ce jour-là venu, bien verras à ton tour
  Qu'il n'est trompeur, cet écrit de ton père.

A l'heure de l'épreuve, ô mon fils, puisses-tu,
  Le relisant d'une voix attendrie,
D'un saint tressaillement frémir pour la vertu,
  D'un pur amour au nom de la patrie!

Puisses-tu!...... Mais va, cours : sur ton front soucieux
  Je vois passer une ride légère,
Et, las de ton repos, en ouvrant tes grands yeux,
  Tu sembles dire : Est-ce fini, ma mère?

Cours, jette aux vents l'ennui; sois fier en me quittant
  De ressaisir ta jeune indépendance :
Ces vers écrits pour toi valent-ils un instant,
  Que je vole, mon fils, à tes beaux jours d'enfance?

Jours printaniers, jours frais, les plus aimés des jours
 Dont les vieillards en pleurant se souviennent;
Qu'à peine on a sentis, qu'on regrette toujours,
 Et qui, passés, jamais plus ne reviennent.

LA
POPULARITÉ.

PERSONNAGES.	ACTEURS.
SIR GILBERT LINDSEY.	MM. BEAUVALLET.
ÉDOUARD LINDSEY, son fils.	FIRMIN.
LORD DERBY.	PROVOST.
LE CHEVALIER CAVERLY.	SAMSON.
MORTINS.	GEFFROY.
GODWIN.	REGNIER.
THOMAS GOFF.	GUIAUD.
WILLIAM, domestique d'Édouard.	MATHIEN.
UN DOMESTIQUE de lord Derby.	MONLAUR.
UN DOMESTIQUE de sir Gilbert Lindsey.	ALEXANDRE.
LADY STRAFFORD, nièce de lord Derby.	Mlle MARS.

ÉLECTEURS, CHEFS D'ATELIERS, DE MÉTIERS, ADMINISTRATEURS DES HOSPICES, DOMESTIQUES.

La scène est à Londres.

ACTE PREMIER.

ACTE PREMIER.

Un salon chez Edouard Lindsey ; trois grandes fenêtres au fond ; deux portes latérales.

SCÈNE PREMIÈRE.

SIR GILBERT LINDSEY, ÉDOUARD, CAVERLY, MORTINS.

On les entend d'une salle à manger voisine.

EDOUARD.

A la gloire civile !

MORTINS.

Au peuple !

CAVERLY.

Au ministère !

Éclat de rire général.

SIR GILBERT.

Au pays !

SCÈNE DEUXIÈME.

SIR GILBERT LINDSEY, entrant, ÉDOUARD, qui le suit.

SIR GILBERT.

Dans son toast, chacun son caractère :
Caverly, qui veut l'ordre avant la liberté,
Prône le ministère et porte sa santé;
Radical dans le cœur, ton jeune camarade,
Mortins, nomme le peuple en vidant sa rasade;
Moi, qui vis tout changer : ministres, peuple, et roi;
Je suis pour ce qui tient, pour le pays; et toi,
L'aigle de nos débats, toi de qui la parole
Domine au parlement, tu bois à ton idole,
A la gloire.

ÉDOUARD.

Je l'aime.

SIR GILBERT.

     Eh! comment t'en blâmer?
L'éloge excite un cœur qui s'en laisse charmer;
Mais crains l'opinion : c'est une enchanteresse.

ÉDOUARD.

Je veux, tout en l'aimant, gouverner ma maîtresse;
Et, pour y parvenir, ne suis-je pas resté
Exempt d'ambition comme de vanité?
Premier des aldermans, sans faire un pas peut-être
J'étais lord-maire; eh bien, j'ai dédaigné de l'être.
D'un domaine aujourd'hui Londres m'enrichissant,
A souscrit malgré moi ce don reconnaissant,
Et je viens à mon tour d'en doter ses hospices.
En vain l'opinion veut payer mes services;
Elle me devra tout : que lui devrai-je? rien,
Rien qu'un pouvoir plus grand pour accomplir le bien.
Mais je saurai fixer sa faveur infidèle,
Je la dominerai; car je prends pour modèle
Ce vertueux Névil que la Chambre a perdu,
Qui, ferme sur l'autel, n'en est pas descendu,
Qui d'un deuil unanime a couvert nos murailles,

Et dont un peuple entier suivra les funérailles.
Oui, je veux, comme lui, des partis respecté,
Garder jusqu'à la fin ma popularité;
Et si, tout chargé d'ans, comme lui je succombe,
En immortalité la changer sur ma tombe.

SIR GILBERT.

Sublime honneur, mais rare! Adieu, ton déjeuner
M'a fait quitter mes champs et j'y vais retourner.

<small>Montrant la salle à manger.</small>

Rejoins-les.

ÉDOUARD.

De flacons la table est bien garnie,
Et mes vins, mieux que moi, leur tiendront compagnie.
Nous nous voyons à peine.

SIR GILBERT.

A qui la faute?

ÉDOUARD.

Hélas!

SIR GILBERT.

Que ne viens-tu, mon fils, causer sous mes lilas?

ACTE I, SCÈNE II.

EDOUARD.

Le puis-je?

SIR GILBERT.

Quoi! j'habite à trois milles de Londre,
Et de m'y visiter tu ne peux plus répondre.

ÉDOUARD.

De nos droits qu'on attaque assidu défenseur,
Je combats d'Harrington le pouvoir oppresseur.
Ce ministre aujourd'hui ne veut-il pas suspendre
Notre *habeas corpus*...

SIR GILBERT.

Il s'en flatte.

ÉDOUARD.

Et nous prendre
Quinze ou vingt millions avec la liberté,
Si nous votons son bill par les lords adopté?

SIR GILBERT.

La question est grave; et toi qui la décides

Dois-tu lui refuser une arme et des subsides?
Le Prétendant triomphe; il marche; ses progrès
Peuvent à bien des cœurs préparer des regrets.

ÉDOUARD.

Erreur!

SIR GILBERT.

Tu crois?

ÉDOUARD.

Mortins, l'honneur de notre presse,
D'Harrington sur ce point a démasqué l'adresse :
On veut nous effrayer de ce coup hasardeux,
Qui, loin de l'ébranler, raffermit Georges deux.

SIR GILBERT.

Puisqu'il en est ainsi, grave orateur, j'espère
Que sir Gilbert Lindsey, votre honorable père,
A sa table, demain, vous aura, s'il vous plaît,
Dût quelque bill nouveau vous saisir au collet.

ÉDOUARD.

A vous, et de grand cœur! Demain point de séance;

Le cabinet tremblant prévoit sa déchéance,
Et, pour gagner un jour, il suspend nos débats.
Qu'il revienne à la charge, et je parle, j'abats,
J'écrase de sa loi le dernier paragraphe ;
Il succombe, on l'enterre, et, quant à l'épitaphe,
Tous la feront : Ci-gît qui n'est pas regretté,
Et qui ne valait pas ce qu'il nous a coûté.

SIR GILBERT.

Lord Derby rit pourtant de la crise où nous sommes.

ÉDOUARD.

Mais sous cape, je crois, vu qu'il est de ces hommes
A mettre tout en feu pour rentrer dans leurs droits,
N'était la peur qu'ils ont de se brûler les doigts.

SIR GILBERT.

Son père, en chevalier, refusa sous Guillaume
Le serment qu'ont prêté les ordres du royaume.
Exclus des nobles bancs, il s'en vanta partout ;
Puis moins, puis moins encore ; et le fils pas du tout ;
Car lorsqu'il était franc, je veux dire au collége,
Je le vis quelquefois pleurer son privilége.

ÉDOUARD.

Ce marquis plébéien, alderman comme moi,
Espère à la Cité donner bientôt la loi,
Et, convoitant l'honneur d'un pouvoir éphémère,
Vise au trône vacant par la mort du lord-maire.

SIR GILBERT.

Il dérogerait donc jusqu'à prêter serment?
Et tu le nommerais!

ÉDOUARD.

Non.

SIR GILBERT.

C'est sûr?

ÉDOUARD.

Non, vraiment;
Mais la Cité pour lui peut n'être point ingrate.
S'il pense en jacobite, il parle en démocrate :
Ou liberté sans borne, ou pouvoir absolu;
Il ne sort pas de là. Le peuple a prévalu;

Gloire au peuple! il est peuple; il défend l'industrie;
Au progrès, des deux mains, il pousse la patrie,
Et, sans se compromettre, il voudrait la pousser
Tant et si fort qu'enfin il pût tout renverser.

SIR GILBERT.

C'est son portrait vivant. J'augure, à ce langage,
Que l'honnête Nelbroun obtiendra ton suffrage.

ÉDOUARD.

Nelbroun pour le ministre a voté quelquefois.

SIR GILBERT.

Comme je fis jadis, pour ou contre, à mon choix,
En homme indépendant, qui voit même bassesse
A craindre le pouvoir qu'à redouter la presse.
Dans l'intérêt de tous, et jamais dans le mien,
Du bill qu'on proposait adversaire ou soutien,
J'écoutais les raisons sans penser aux personnes,
Et votais pour les lois, quand je les trouvais bonnes.

ÉDOUARD.

Et c'était le devoir d'un loyal citoyen.

SIR GILBERT.

D'un digne Anglais, morbleu ! qui veut, qui fait le bien,
Sans système exclusif : et tu feras de même ;
Tu nommeras Nelbroun, non parce que je l'aime,
Mais parce que Nelbroun est loyal comme moi,
Et qu'il a mérité d'être nommé par toi.

ÉDOUARD.

Quel feu !

SIR GILBERT.

C'est qu'entre nous le vieux marquis m'alarme.

ÉDOUARD.

Lui ?

SIR GILBERT.

Quelqu'un qui t'écrit.

ÉDOUARD.

Sa nièce.

SIR GILBERT.

Sous le charme
N'es-tu pas retombé?

ÉDOUARD.

J'aime lady Strafford.

SIR GILBERT.

Ta Julia!

ÉDOUARD.

Je l'aime, et le temps rend plus fort
Un attrait qui pour moi commença dès l'enfance,
Et contre elle, à vingt ans, me trouva sans défense.
N'avez-vous pas vous-même approuvé cet amour?

SIR GILBERT.

Il ne fut pas heureux.

ÉDOUARD.

Il le fut jusqu'au jour
Où, rejoignant les Stuarts sur la terre étrangère,
Elle épousa l'ami, le sauveur de son père.

SIR GILBERT.

Tu trouvais bien des torts à cet objet chéri.

ÉDOUARD.

Torts qu'elle a réparés.

SIR GILBERT.

En perdant son mari.

ÉDOUARD.

Ne raillez pas, de grâce! et rendez-lui justice:
Elle fit au devoir un cruel sacrifice;
L'âge de lord Strafford le dit, le prouve assez,
Et vous n'en doutez pas, vous qui la connaissez.
Elle est libre...

SIR GILBERT.

Et déjà votre correspondance
Traversant le détroit a comblé la distance.

ÉDOUARD.

Mais ce plaisir amer, ce bonheur dévorant,
Qui nous fait regretter ce qu'en rêve il nous rend,

J'en suis, depuis un mois, privé par son silence.

SIR GILBERT.

Veux-tu de tes chagrins tromper la violence,
Viens me les confier; avec moi viens t'asseoir
Sur ces gazons si frais, où, du matin au soir
Plantant pour tes vieux jours, je vis en solitaire,
Après avoir payé ma dette à l'Angleterre.
Dans ce bien qu'en mourant ta mère t'a laissé,
Viens; nous parlerons d'elle et du bonheur passé.
D'y fêter entre nous le jour de ta naissance
Je m'étais, pour demain, promis la jouissance,
Je voulais l'avoir seul; mais, à mon grand regret,
Caverly par plaisir, Derby par intérêt,
M'ont volé cette joie en s'invitant eux-mêmes.
Que m'importe après tout! tu seras là, tu m'aimes;
Et j'y puis dire encor ce que j'ai dit cent fois:
Je l'en vis sortir pur, et pur je l'y revois.

EDOUARD.

Vous le pourrez toujours; en doutez-vous?

SIR GILBERT.

                              Écoute:
La popularité, que pour toi je redoute,

Commence, en nous prenant sur ses ailes de feu,
Par nous donner beaucoup et nous demander peu.
Elle est amie ardente ou mortelle ennemie,
Et, comme elle a sa gloire, elle a son infamie.
Jeune, tu dois l'aimer : son charme décevant
Fait battre mon vieux cœur ; il m'enivre ; et souvent
Au fond de la tribune où ta voix me remue,
Quand d'un même transport toute une Chambre émue
Se lève, t'applaudit, te porte jusqu'aux cieux,
Je sens des pleurs divins me rouler dans les yeux :
Mais si la volonté n'est égale au génie,
Cette faveur bientôt se tourne en tyrannie.
Tel qui croit la conduire est par elle entraîné :
Elle demande alors plus qu'elle n'a donné.
On fait pour lui complaire un premier sacrifice,
Un second, puis un autre ; et quand à son caprice
On a cédé fortune, et repos, et bonheur,
Elle vient fièrement vous demander l'honneur ;
Non pas cet honneur faux qu'elle-même dispense,
Mais l'estime de soi qu'aucun bien ne compense.
Ou l'honnête homme, alors, ou le dieu doit tomber :
Vaincre dans cette lutte est encor succomber.
On résiste, elle ordonne ; on fléchit, elle opprime
Et traîne le vaincu des fautes jusqu'au crime.

De son ordre, au contraire, avez-vous fait mépris,
Cachez-vous, apostat, ou voyez à ses cris
Se dresser de fureur ceux qu'elle tient en laisse
Pour flatter qui lui cède et mordre qui la blesse :
Des vertus qu'ils n'ont plus ces détracteurs si bas,
Ces insulteurs gagés des talents qu'ils n'ont pas.
Elle excite leur meute, et les pousse, et se venge
En vous jetant au front leur colère et leur fange.
Voilà ce qu'elle fut, ce qu'elle est de nos jours,
Ce qu'en un pays libre on la verra toujours ;
Et s'il faut être enfin ou paraître coupable,
Laissant là l'honneur faux pour l'honneur véritable,
Souviens-toi qu'il vaut mieux tomber en citoyen
Sous le mépris de tous, que mériter le tien.

ÉDOUARD.

Ayez foi dans ce cœur où votre sang bouillonne :
Je ferai mon devoir, quoi que l'honneur m'ordonne.

SCÈNE TROISIÈME.

LES PRÉCÉDENS, LE CHEVALIER CAVERLY, MORTINS, tous deux un peu animés par le vin.

MORTINS, qui s'arrête en entrant.

Chevalier Caverly, de la sincérité!

CAVERLY, de même.

Disons, monsieur Mortins, toute la vérité.

MORTINS.

Vous, sur moi.

CAVERLY.

Sur moi, vous.

SIR GILBERT, à Édouard.

Ton vin de France opère.

CAVERLY.

Et devant Édouard.

MORTINS.

Soit.

SIR GILBERT.

Je pars.

ÉDOUARD.

Non, mon père.

CAVERLY, à sir Gilbert.

Restez donc!

MORTINS.

Un moment, sir Gilbert, pour savoir
Si nous nous jugeons bien.

ÉDOUARD.

C'est folie.

CAVERLY.

Et pour voir
Si les partis sont francs quand ils sortent de table.

SIR GILBERT, en riant.

Soyons donc président de ce club respectable.

MORTINS.

Parlez, je ne crains rien.

CAVERLY.

Dites, j'entendrai tout :

Les auditeurs assis ;
Montrant Mortins.
et l'orateur debout.

MORTINS.

Caverly n'admet pas l'amour de la patrie :
Le professer, mensonge ; y croire, duperie ;
A toute illusion il a fait ses adieux,
Et la liberté même est un rêve à ses yeux.

CAVERLY, qui se lève.

Dites un cauchemar !

MORTINS.

Quand l'or partout circule,

N'en point avoir sa part lui semble un ridicule.
Il est propriétaire; aussi n'a-t-il voté
Qu'avec un saint amour de la propriété.
Mieux vaut qu'en politique on soit irréprochable;
Mais, pour être excusé, trouvant tout excusable,
Contre les torts passés jamais il ne tonna :
Une tache!... Eh, bon Dieu! le soleil même en a.
Changer pour être mieux est un travers qu'il fronde:
Les révolutions désheurent tout le monde.
Qu'on soit bien, qu'on soit mal, il ne s'en trouble pas,
Si ses chers gouvernans roulent du même pas;
Et rendrait volontiers leur voiture si douce
Qu'elle pût, sous leur poids, nous broyer sans secousse;
Mais en sont-ils dehors, il plaint ces imprudents,
Et sourit aux heureux qui vont monter dedans :
Du reste, homme obligeant, célibataire aimable,
Qui vit bien, qui fait bien les honneurs de sa table,
Et plus souvent encor de la table d'autrui;
Car il manque partout quand il dîne chez lui.

CAVERLY.

Eh bien! ce portrait-là n'est pas sans ressemblance.

SIR GILBERT.

Vraiment!

ÉDOUARD.

Il en convient.

MORTINS, à Caverly, en s'asseyant.

A votre tour!

CAVERLY, qui se lève.

Silence!
Mortins a le cœur pur, l'esprit vif, le sens droit...

MORTINS.

C'est le bien pour le mal.

CAVERLY.

Ce qu'il dit, il le croit;
Mais, quand pour le progrès son démon le transporte,
L'imagination sur son bon sens l'emporte.
Comme il n'a pas failli, vu qu'il n'a pas vécu,
De ne faillir jamais il est très-convaincu.
Aussi pour l'âge mûr sa jeunesse est hautaine,
Et ceux qui, par malheur, passent la quarantaine,
Au néant, selon lui, trop heureux de rentrer,
N'ont plus par point d'honneur qu'à se faire enterrer;

ACTE I, SCÈNE III.

MORTINS, en riant.

Penser cela de vous, ah, fi! j'en aurais honte.

CAVERLY.

Et vous le penseriez que je n'en tiendrais compte.
Je porte fort gaîment mes cinquante ans passés,
Et prendrai le surplus sans jamais dire : assez!
Je poursuis...

EDOUARD.

Non.

CAVERLY.

Mortins à parler m'autorise,
Et si je suis trop long, pensez que j'improvise.
Selon lui, je possède et j'ai peur; j'en convien :
Pour qu'il ait peur aussi, que lui faut-il? mon bien.
En révolution il s'est fait sa limite;
Mais qui court dans ce sens bientôt se précipite.
Le meilleur va plus loin qu'il ne croyait aller,
Et peut-être Mortins verrait, sans se troubler,
Tout le corps social, battu par la tempête,
Rouler la tête en bas... s'il lui laissait la tête.

Chacun, ayant la sienne et voulant la garder,
Tient qu'avant de détruire il y faut regarder,
Et se souvient encor, prudemment monarchique,
Qu'on vit le peuple anglais en pleine république,
Retombant sous le joug de toute sa hauteur,
Changer un doux tyran pour un dur protecteur.

MORTINS, qui se lève.

Et je réponds...

ÉDOUARD, vivement.

La Chambre est assez éclairée.

SIR GILBERT.

L'ordre du jour!

CAVERLY.

Eh bien! parlons de la soirée

En montrant Édouard.

Offerte à notre ami.

ÉDOUARD.

Comment ?

CAVERLY.

Dans ce banquet,

Où de nos opposans pas un seul ne manquait,
A-t-il dit certains mots que certain journal cite?

ÉDOUARD.

Le journal de Godwin? Non.

SIR GILBERT.

Je t'en félicite.

MORTINS.

Pourquoi?

CAVERLY.

Voyez:

Citant de mémoire.

... « L'excès de l'oppression nous affranchit désormais de l'obéissance...
... « Le peuple a crié trop longtemps, qu'il agisse. »

SIR GILBERT.

Cela me paraît imprudent.

CAVERLY.

Surtout lorsqu'on s'agite au nom du Prétendant.

MORTINS.

Toujours le Prétendant ! Eh ! que peut pour sa cause,
Avec quelques Français, cette lady Montrose,
Qui, courant les châteaux et les clans montagnards,
Se perd comme une fée au milieu des brouillards.

CAVERLY.

Que la noble lady soit ou sorcière ou fée,
La flamme qu'elle attise est loin d'être étouffée.
Mais revenons au fait : Godwin a mal cité.

SIR GILBERT.

J'en suis ravi.

ÉDOUARD.

Godwin, dire la vérité ?
Le peut-il ? Au trésor employé sous Walpole,
Des diffamations il eut le monopole ;
Et pour quelques méfaits justement supprimé,
Tranchant de l'homme libre il s'est dit opprimé.
Il flagorne aujourd'hui ceux qu'il couvrait de boue,
Salit de son encens la liberté qu'il loue ;
Le tout, pour un parti qui se travaille en vain
A prêcher l'anarchie au nom du droit divin.

CAVERLY.

Le démentirez-vous ?

ÉDOUARD, montrant un papier sur une table.

Certe, et voici ma lettre :
Dans ta feuille aujourd'hui, Mortins, tu vas la mettre.

MORTINS.

A quoi bon t'excuser ? le public te connait.

CAVERLY.

On ne peut trop, monsieur, paraître ce qu'on est.
L'avis de sir Gilbert !

SIR GILBERT.

Mon fils le sait d'avance :
Je suis pour la droiture en toute circonstance.
Bas à Caverly.
Demain.....

CAVERLY.

Comptez sur moi.

SIR GILBERT.

Je vous laisse.

<small>A Édouard, qu'il prend à part, en s'en allant.</small>

A propos,
Monsieur l'homme d'État qui me grevez d'impôts,
J'ai tant payé pour vous que je suis sans ressource ;
Comme celle du peuple il faut traiter ma bourse.
<small>L'arrêtant.</small>
Reste.

ÉDOUARD.

Je vous conduis.

SCÈNE QUATRIÈME.

CAVERLY, MORTINS.

CAVERLY.

Pour moi, je veux savoir
Quel avis, ce matin, vous donnez au pouvoir;
Un article de vous vaut bien qu'on se recueille,
Et je vais là dedans lire en paix votre feuille.

MORTINS.

Quel honneur!

CAVERLY.

Je le fais très-régulièrement.

MORTINS.

Pour votre instruction?

CAVERLY.

Pour ma santé.

MORTINS.

Comment?

CAVERLY.

Le docteur Walsingham m'en prescrit la lecture :
J'y suis parfois en butte à plus d'une piqûre,
Et, comme le café qui rend le sang plus vif,
C'est après mon repas un très-bon digestif.

SCÈNE CINQUIÈME.

MORTINS, seul.

Exerce à nos dépens ta froide raillerie ;
D'autres cœurs que le tien battent pour la patrie :
Son jour vient !.. Mais, là-bas, quand tout sert nos projets,
A l'insu d'Édouard, quand nos amis sont prêts,
Et vont remplir ici l'espoir qui me tourmente,
Souffrir que par sa lettre Édouard se démente,
C'est de son nom pour eux ternir la pureté,
C'est salir leur drapeau.

SCÈNE SIXIÈME.

MORTINS, ÉDOUARD.

ÉDOUARD.

Caverly t'a quitté ?

MORTINS.

Pourquoi donc m'inviter avec ce personnage ?

ÉDOUARD.

Je voulais rire un peu.

MORTINS.

Doit-on rire à ton âge ?

ÉDOUARD.

A trente ans !

ACTE I, SCÈNE VI.

MORTINS.

A vingt-cinq, moi, je sens qu'on est vieux :
Nos successeurs déjà nous poussent devant eux ;
C'est en courant qu'on vit dans le siècle où nous sommes,
Et les événemens y dévorent les hommes.
Tu parles ce soir ?

ÉDOUARD.

Oui.

MORTINS.

Dans deux jours, au convoi,
Tu parleras sans doute ?

ÉDOUARD.

Encor moi !

MORTINS.

Toujours toi.
C'est à toi qu'appartient l'opinion publique :
Qui l'occupe te vole.

EDOUARD.

Ardente politique !

Jour et nuit, mes instans sont par elle envahis.

MORTINS.

Eh bien! meurs à la peine et sauve ton pays.
Chaque jour il t'honore, il t'enrichit... J'y pense:
Cette terre, Édouard, ta juste récompense,
Elle est à toi; pourtant...

ÉDOUARD.

Achève.

MORTINS.

Selon moi,
On s'est un peu pressé de te l'offrir.

ÉDOUARD.

Pourquoi?

MORTINS.

Les affaires d'argent ne sont pas terminées.

ÉDOUARD.

Qu'est-ce à dire?

ACTE I, SCÈNE VI.

MORTINS.

Il s'en faut de sept mille guinées.

ÉDOUARD.

Me voilà ridicule.

MORTINS.

Eh! non.

EDOUARD.

Je le devien.

MORTINS.

On trouvera les fonds.

ÉDOUARD.

Qui donc?

MORTINS.

Toi.

ÉDOUARD.

De mon bien

Tu veux qu'en mon honneur aujourd'hui je souscrive?

MORTINS.

Pourquoi donc pas? la terre est belle, productive,
Et te rendra, mon cher, dix fois tes capitaux.

ÉDOUARD.

Mais je l'ai, cette terre, offerte aux hôpitaux.

MORTINS, se jetant dans ses bras.

C'est noble.

ÉDOUARD.

Désastreux.

MORTINS.

Que je t'embrasse encore!

ÉDOUARD.

Votre don m'appauvrit.

MORTINS.

Pauvreté qui t'honore!

ÉDOUARD.

Va m'endetter.

MORTINS.

Je veux t'embrasser de nouveau.
Beau trait !

ÉDOUARD.

Qui me ruine.

MORTINS.

Il n'en est que plus beau.
Voilà de ces vertus qu'on admirait dans Rome.

ÉDOUARD.

Laisse là les Romains et prête-moi la somme.

MORTINS.

Que ne l'ai-je, Édouard! je te la donnerais,
Tu le sais ; mais, ma plume a beau se mettre en frais,
L'enthousiasme est grand et l'argent toujours rare.
Thomas Goff, le brasseur, est du sien moins avare:

Que ne ferait-il pas pour toi, son député,
Toi son élu, sa gloire et sa propriété?
Toujours prêt à boxer qui veut te contredire,
Il a l'air d'avoir dit ce que tu viens de dire.
Il prêtera l'argent.

ÉDOUARD, avec dépit.

Fais ce que tu voudras,
Et que tout soit fini lorsque tu reviendras.

MORTINS.

J'y cours.

ÉDOUARD, le rappelant.

Eh bien, ma lettre?

MORTINS.

A dessein je l'oublie.

ÉDOUARD.

Pour mon honneur, Mortins, je veux qu'on la publie.

MORTINS.

Et c'est pour ton honneur que je ne le veux pas :

Il a peur, dira-t-on, et revient sur ses pas.

ÉDOUARD.

On ne pourra le croire.

MORTINS.

On le rendra croyable.

ÉDOUARD.

Misérable Godwin !

MORTINS.

Soit; mais ce misérable
A des armes, dit-il, contre ton père et toi.

ÉDOUARD, mettant la lettre dans la main de Mortins.

Raison de plus : moi, craindre un ennemi sans foi !

MORTINS.

C'est vrai.

ÉDOUARD.

Sans nom.

MORTINS.

D'accord.

ÉDOUARD.

Sans talent.

MORTINS.

Qui le nie?
Mais pour calomnier faut-il donc du génie?

ÉDOUARD.

Tiens, la presse, Mortins, est le plus beau des droits
Qu'on puisse en honnête homme exercer sous les lois;
Des franchises de tous protectrice vivante,
Du faible elle est l'espoir, du puissant l'épouvante;
Honneur à l'écrivain qui dit la vérité
Au pouvoir menaçant comme au peuple irrité,
Les juge en souverain sans faveur et sans crainte,
Car sa magistrature est périlleuse et sainte.
Mais je ne connais pas de moyen plus fatal
Que l'abus d'un tel bien pour consommer le mal,
Et je méprise moins le voleur dont l'adresse,
Dans l'ombre se cachant, à ma bourse s'adresse;

Il est moins vil pour moi que l'obscur intrigant
Qui, fort d'un droit sacré dont il use en brigand,
Se cache aux yeux des lois dans son ignominie,
Pour me voler l'honneur par une calomnie.

MORTINS.

Pourquoi donc t'abaisser, mon cher, en démentant
Un de ces êtres vils que tu méprises tant?
Descendre à son niveau! le dois-tu ? Non; diffère.
Raisonne avant d'agir : qui vas-tu satisfaire?
Ces froids approbateurs, muets dans nos débats,
Qui, même en admirant, ne parlent que tout bas !
Et tu blesses, qui ? ceux dont la voix incisive
Mord sur l'opinion, la tue ou la ravive.
Les mots qu'on t'a prêtés ne t'ont pas compromis,
Et, sans t'en ôter un, te font beaucoup d'amis :
Si quelqu'un devant toi condamne ce langage,
Dis qu'il n'est pas le tien.

EDOUARD, vivement.

Je le ferai.

MORTINS.

C'est sage;

Mais laisse en paix les gens à qui le discours plaît.
Moi qui l'ai, dans ma feuille, approuvé tel qu'il est,
Puis-je me réfuter pour prendre ta défense ?
Non ; ce qu'on t'a fait dire, Édouard, je le pense.

ÉDOUARD.

C'est un tort.

MORTINS.

A tes yeux ; aux miens, et j'y vois clair,
Se démentir...

ÉDOUARD.

Mortins !

MORTINS.

Ou même en avoir l'air,
C'est là le tort réel, le tort irréparable ;
Car l'homme qu'on croit faible, on le juge incapable.

ÉDOUARD.

Mais Godwin saura-t-il jusqu'où va mon mépris ?.....

MORTINS.

Par moi.

ÉDOUARD.

Pour sa personne ainsi que ses écrits?

MORTINS.

Sans doute.

ÉDOUARD.

Saura-t-il que je tiens pour outrage
Tout éloge de lui?

MORTINS.

Voilà du vrai courage!

ÉDOUARD.

Et tu le lui diras?

MORTINS.

Oui, je le lui dirai;
Mais quant au désaveu?.....

ÉDOUARD.

Différé.

MORTINS, qui met la lettre en pièces.

Déchiré.

ÉDOUARD.

Au fait, c'était descendre.

MORTINS.

Adieu donc, je te quitte :
Le bruit de ce carrosse annonce une visite.

ÉDOUARD, qui s'est approché de la fenêtre.

C'est lord Derby.

MORTINS.

Qui vient te demander ta voix.
Sais-tu qu'en le nommant tu ferais un bon choix ?

ÉDOUARD.

Vos deux opinions sont loin d'être les mêmes.

MORTINS.

Pas si loin que tu crois.

ACTE I, SCÈNE VI.   45

EDOUARD.

Ah! j'entends : les extrêmes...

MORTINS.

Se touchent, tu dis vrai. Vers moi qu'il fasse un pas,
J'en ferai deux vers lui : ne le rebute pas.

EDOUARD.

Je vote pour Nelbroun.

MORTINS.

Quoi! pour notre adversaire!

WILLIAM, annonçant.

Lord Derby.

SCÈNE SEPTIÈME.

LES PRÉCÉDENS, LORD DERBY.

LORD DERBY, à Édouard.

Recevez mon compliment sincère;
Le discours qu'au banquet vous avez prononcé
Sur un terrain nouveau vous a vraiment placé :
C'est un pas...

ÉDOUARD.

Vantez moins quelques phrases d'usage.

LORD DERBY.

Un acte...

ÉDOUARD.

Moins que rien.

LORD DERBY.

Surtout ce beau passage.

EDOUARD.

Lequel?

LORD DERBY.

Celui...

MORTINS, en saluant.

Milord est un juge excellent.

LORD DERBY, de même.

Monsieur Mortins, je crois?... deux rivaux de talent,
Qui de l'opinion se partagent l'empire!
L'un parle, l'autre écrit, et l'Angleterre admire.
　A Mortins.
Suivez donc votre ami parfois dans mon salon.

MORTINS.

Je l'y suivrai, milord.

LORD DERBY.

Seriez-vous assez bon

Pour y venir ce soir?

MORTINS.

Dès ce soir.

LORD DERBY.

Et peut-être
Vous devancerez l'heure où la foule y doit être?

MORTINS, qui s'incline pour sortir.

Je saurai mériter l'honneur que je reçoi.

LORD DERBY, qui s'incline plus bas.

Vous vous moquez, monsieur, tout l'honneur est pour moi.

SCÈNE HUITIÈME.

ÉDOUARD, LORD DERBY.

LORD DERBY.

Par le vol qu'elle a pris la jeunesse m'étonne;
Et sa gloire, c'est vous.

EDOUARD.

Parlons d'une personne
Qui m'occupait, milord, bien plus que mes succès:
Vous avez deviné celle à qui je pensais.
Quand la reverrons-nous? bientôt? vous l'écrit-elle?

LORD DERBY.

Toujours, cher Édouard, aussi tendre que belle,
Parlant toujours de vous, mais ne me disant rien
De ce prochain retour, votre espoir et le mien!

Vous savez de quel œil je vois cette alliance?

ÉDOUARD.

Quels droits n'avez-vous pas à ma reconnaissance !

LORD DERBY.

Tout, près d'un bien si cher, m'est presque indifférent ;
Cependant en ami, je puis dire en parent,
Je viens vous rappeler qu'on me veut pour lord-maire.
On me veut, c'est le mot; dois-je me laisser faire?
Certe il n'est point de voix dont je fasse mépris ;
Une seule à mes yeux est pourtant d'un grand prix,
La vôtre : cher neveu, tirez-moi de mes doutes ;
Je consens, pour l'avoir, à les accepter toutes.

ÉDOUARD.

Puis-je savoir, avant de débattre ce point,
Si le serment, milord, ne vous arrête point?

LORD DERBY, plus froidement.

Sur le serment, monsieur, chacun a sa doctrine ;
La conscience alors est ce qui détermine.
En refusant le sien, mon père agit, je crois,

Moins en homme d'État qu'en martyr de ses rois;
Car, bien qu'un tel refus soit un acte héroïque,
Il vous rend inutile à la chose publique;
Or, tous les citoyens lui devant leur concours,
Puis-je la priver, moi, de mes faibles secours?
Pour le gouvernement j'ai peu de sympathie;
Mais il existe enfin : loin de prendre à partie
Un fait qu'il faut subir, je tiens qu'un homme droit
Peut accepter le fait sans admettre le droit.
Tranquille sur le but que mon cœur se propose,
Une formalité me semble peu de chose,
Et, la fin, dans ce cas, excusant le moyen,
Je redeviens sujet pour être citoyen :
Le tout avec réserve! Un serment politique,
Qu'est-ce? un pacte obligé, que... certain cas critique
Peut jusqu'à... certain point rompre... en certain moment;
Et qui n'engage pas comme un autre serment.

ÉDOUARD.

Milord me permettra de penser le contraire :
Ce qui touche à l'honneur ne peut être arbitraire;
Et, dût-il nous coûter, s'il est fait librement,
Un serment politique est toujours un serment;
Le prononce qui veut, et qui veut le refuse,

Partant qui le trahit me paraît sans excuse.
C'est tuer les devoirs que les interpréter;
Leur ascendant moral ne saurait exister
Avec ces faux-fuyans, avec ces différences
Qui feraient qu'un même homme aurait deux consciences,
Et que l'homme public agirait sans rougir
Comme l'homme privé serait honteux d'agir.
Il n'est point d'acte alors qui restât condamnable,
Point d'attentat hideux, de crime abominable,
Qu'en le sanctifiant l'intérêt n'ordonnât,
Et tout serait vertu jusqu'à l'assassinat.
Laissons donc aux devoirs leur rigueur despotique :
Ni liberté, ni lois, sans probité publique !
Quand l'élu du pays ne s'est point parjuré,
Il doit dormir en paix sur ce que j'ai juré;
C'est par respect pour moi que j'y reste fidèle :
Et je ne comprends pas qu'une foi solennelle,
Échangée avec lui devant Dieu, devant tous,
Soit un contrat moins fort, un nœud moins saint pour nous,
Que la foi qu'un joueur engage à qui le vole
Dans un tripot de Londre en perdant sur parole.

LORD DERBY.

J'aime à vous voir, Lindsey, le prendre sur ce ton;

ACTE 1, SCÈNE VIII.

C'est de la loyauté! mais, je crois...

ÉDOUARD, à William qui entre.

Que veut-on?

WILLIAM.

Monsieur m'excusera : cette lettre est pressée.

ÉDOUARD.

Sortez.

LORD DERBY.

Que vous avez mal compris ma pensée...

ÉDOUARD, jetant les yeux sur la lettre.

O ciel!

LORD DERBY.

Et si...

EDOUARD, à part.

C'est d'elle.

LORD DERBY.

Et si vous m'écoutez...

Mais, lisez donc, lisez.

ÉDOUARD.

Vous me le permettez?

LORD DERBY.

Je l'exige au besoin.

ÉDOUARD, ouvrant la lettre.

Que vois-je!

Lisant.

« J'arrive à Londres. Je passerai une heure chez
« ma vieille tante lady Martha. Je voudrais que ma
« première entrevue avec Édouard n'eût qu'elle seule
« pour témoin. Il a le choix de me revoir chez elle
« dans l'intimité, mais à l'instant même; ou ce soir,
« chez lord Derby, avec tout le monde. Qu'il vienne
« donc, si ses graves affaires le lui permettent, et s'il
« a encore quelque chose à dire à son amie d'en-
« fance,

JULIA. »

A part.

Elle est ici!

ACTE I, SCÈNE VIII.

Milord me le cachait ou l'ignorait aussi.

LORD DERBY.

Ce billet vous émeut?

ÉDOUARD.

J'en conviens.

LORD DERBY.

Une affaire
Vous réclame?

ÉDOUARD.

Il est vrai.

LORD DERBY.

Hâtez-vous de la faire :
Le pays avant tout.

ÉDOUARD.

Je vous reconnais là.

LORD DERBY, le retenant.

Or, ma position, en deux mots, la voilà :

Si j'obtiens votre voix...

ÉDOUARD.

Observez, je vous prie,
Que...,

LORD DERBY.

Vous devez d'abord songer à la patrie.
Allez!

ÉDOUARD.

Je suis confus.

LORD DERBY.

Ne vous gênez en rien:
Que l'intérêt public l'emporte sur le mien;
C'est trop juste.

ÉDOUARD, appelant.

William!

LORD DERBY, le retenant de nouveau.

Ainsi donc, pour conclure,

ACTE 1, SCÈNE VIII.

Sûr d'avoir votre voix...

ÉDOUARD.

A lord Derby.   A William.

Pardonnez. Ma voiture!

LORD DERBY.

Eh non! la mienne est là : je vous mène avec moi.

ÉDOUARD.

Impossible!

LORD DERBY.

D'où vient?

ÉDOUARD.

J'abuserais...

LORD DERBY.

En quoi?
Libre, je peux, Lindsey, vous mettre où bon vous semble,
Et d'intérêts publics nous causerons ensemble.

ÉDOUARD.

Non, je ne puis...

LORD DERBY.

Venez!

SCÈNE NEUVIÈME.

LES PRÉCÉDENS, MORTINS.

MORTINS, à Édouard.

J'accours pour t'avertir...

Saluant lord Derby.
Milord!...,

A Édouard.

que de ta rue on ne peut plus sortir.
Le peuple encombre tout; ta conduite honorable
Excite les transports d'une foule innombrable.
Jamais discours de toi n'eut un succès pareil :
La Cité vient en masse avec tout l'appareil
D'un jour d'élection, l'éclat d'un jour de fête;
Rayonnant de fierté, Thomas Goff marche en tête,
Car de te haranguer il se fait un bonheur.
Et ce sont des houras poussés en ton honneur,

C'est un chorus d'ivresse, un tumulte, un délire,
C'est un enthousiasme impossible à décrire.

ÉDOUARD.

Reçois-les.

MORTINS.

A ta place! ils s'en offenseront.
As-tu donc résolu de leur faire un affront?

ÉDOUARD.

Milord, qui m'excusait, sait qu'il faut que je sorte.

LORD DERBY.

C'est vrai.

MORTINS.

Je les entends, ils sont presque à ta porte;
Tu ne le peux.

ÉDOUARD.

Si fait!

LORD DERBY.

Je l'emmène.

ÉDOUARD.

Non pas!

MORTINS.

Comme je pense à tout, j'ai donné l'ordre en bas
A tes gens rassemblés de se mettre en campagne,
Pour préparer le rhum, le rack et le champagne.

ÉDOUARD.

Je te dis....

SCÈNE DIXIÈME.

LES PRÉCÉDENS, CAVERLY.

CAVERLY, qui entre en se frottant les yeux et le journal de Mortins à la main.

Quel vacarme autour de la maison !

À Mortins, en lui montrant son journal.

Tenez ; j'étais tout près de vous donner raison.

MORTINS.

Vous !

CAVERLY.

En rêve.

MORTINS.

Ah ! j'entends.

CAVERLY.

Et voilà qu'on m'éveille :
Vous parliez de champagne et j'ai prêté l'oreille.
Qu'est-ce ?... une ovation !

ÉDOUARD.

Je pars et je reviens.

CAVERLY, l'arrêtant par le bras.

Arrêtez ! vos amis sont loin d'être les miens :
Je ne veux pas, sans vous, recevoir leur visite.
Respect au droit des gens qu'à sa table on invite !
Chez vous je suis venu sur la foi des traités,
Et me cramponne à vous, mon cher, si vous sortez.

ÉDOUARD.

Mais, c'est un fait exprès.

LORD DERBY.

Les voici !

SCÈNE ONZIÈME.

LES PRÉCÉDENS, THOMAS GOFF, ADMINISTRATEURS DES HOSPICES, CHEFS DE MÉTIERS, D'ATELIERS, ETC.

THOMAS GOFF, à Édouard.

       Par saint George !
Si l'attendrissement ne me prend à la gorge,
Je vous en dirai long : c'est un trait, voyez-vous...
Un trait, mon député !... quoi ! nous en pleurions tous.
Dieu sait si nous avons épargné les rasades !
Laissons cela : le fait, c'est qu'au nom des malades.....
Et ne parlait-on pas de vous les apporter ;
Mais, quelqu'un d'eux en route aurait pu déserter.....
Le fait est que je viens, en leur nom comme au nôtre,
Non pas chez l'orateur... et pourtant plus qu'un autre,
Je crie : Honneur et gloire aux défenseurs des lois !
Car nos élus sont là pour protéger les droits,

ACTE I, SCÈNE XI.

Tous les droits, hormis ceux dont l'abus nous opprime ;
Ainsi sur les boissons il faut qu'on les supprime.....
Mais ce n'est pas la chose : au nom de la Cité,
Le fait est que je viens... je viens, mon député,
Pour vous dire en son nom que je...que nous.. en somme
Que... ma foi! touchez là, vous êtes un brave homme.

ÉDOUARD.

De grand cœur, mon cher Goff!

THOMAS GOFF.

M'en suis-je bien tiré ?

ÉDOUARD.

Au mieux.

THOMAS GOFF.

Et je n'avais pourtant rien préparé.

CAVERLY.

Quoi, rien ?

THOMAS GOFF.

Foi d'orateur!

MORTINS.

Vous parlez à merveille.

THOMAS GOFF.

Eh! pas trop mal, mon brave. En rencontre pareille,
Un autre eût écrit; moi, j'improvise toujours :

Montrant Édouard.

Aussi, c'est qu'on se forme en lisant ses discours.

ÉDOUARD, à la députation.

Mes excellens amis !

THOMAS GOFF.

Je suis, et je m'en pique,
Son père, entendez-vous? son père politique :
Je suis son électeur, s'il est mon député,
Et s'il parle pour moi, pour lui, moi, j'ai voté.

ÉDOUARD, à Thomas Goff, en faisant un pas pour sortir.

Vous m'excusez : un soin d'une grave importance.....

THOMAS GOFF, qui le retient.

Point d'affaires !

ACTE I. SCÈNE XI.

A lord Derby.

Bonjour, milord, et bonne chance !

LORD DERBY, qui s'incline.

Monsieur Goff !

THOMAS GOFF.

Comme lui, touchez-moi dans la main.
Le peuple vous estime, et vous verrez demain
Qu'en fait d'élection je suis un honnête homme ;
Mais si mon député permet que je vous nomme.

ÉDOUARD, à part, avec impatience.

L'heure passe.

Plusieurs domestiques, portant des plateaux, parcourent les groupes.

MORTINS, à Thomas Goff.

Le punch est-il de votre goût ?

THOMAS GOFF.

Certes, quand il est bon.

MORTINS, aux domestiques.

Qu'il circule partout ;
Offrez !...

THOMAS GOFF.

La bière aussi; nous la boirons sans honte.

CAVERLY.

Et monsieur le brasseur y trouvera son compte.

THOMAS GOFF.

Vous nous raillez, je crois, monsieur du parlement? Car je vous connais bien.

CAVERLY.

Merci du compliment!

THOMAS GOFF.

En est-ce un par hasard?

ÉDOUARD, à Thomas Goff.

Songez qu'il est mon hôte!..

THOMAS GOFF.

Je ne m'attendais pas à vous voir côte à côte.

MORTINS.

Et que tout opprimé, quel que soit l'oppresseur,
Quand je suis quelque part y compte un défenseur.

THOMAS GOFF.

Là! ne nous fâchons point; mais que le ministère
Boive au premier des lords de toute l'Angleterre!

LORD DERBY, saluant.

Vous me comblez!

THOMAS GOFF.

Pardieu, ce n'est pas vous, milord!

MORTINS.

Qui donc?

THOMAS GOFF.

Le peuple.

MORTINS.

Au fait!...

CAVERLY.

C'est du moins le plus fort.

THOMAS GOFF.

A lui vous allez boire, ou le ciel me confonde!

CAVERLY.

Mon très-cher monsieur Goff, je bois à tout le monde.

THOMAS GOFF, ainsi que tous ceux qui sont présens.

A la santé du peuple!

CAVERLY.

A sa santé!

MORTINS, à Caverly, en riant.

Bravo!

CAVERLY, à Mortins.

C'est urgent, car il a le transport au cerveau.

THOMAS GOFF, entraînant Édouard vers la fenêtre.

Parlez-leur!

ACTE I. SCÈNE XI.

Au peuple qui pousse des houras à la vue d'Édouard, et l'interrompt par ses cris toutes les fois qu'il veut parler

Taisez-vous!

ÉDOUARD, *à la fenêtre.*

Mes chers amis.....

THOMAS GOFF, *furieux.*

Les diables!

ÉDOUARD.

Je suis...

THOMAS GOFF.

Vit-on jamais des enragés semblables?

ÉDOUARD.

Je suis touché...

THOMAS GOFF.

Sur eux j'ai perdu mon crédit;

A Mortins.

Mais vous imprimerez tout ce qu'il aurait dit.

ÉDOUARD, à Thomas Goff.

Il y faut renoncer.

On jette par les fenêtres des couronnes et des branches de laurier.

THOMAS GOFF.

Couronne sur couronne!
Encor! toujours!

ÉDOUARD, à Thomas Goff.

Pardon, si je vous abandonne;
Ma voiture m'attend.

THOMAS GOFF, vivement.

Avec vous nous irons.

ÉDOUARD.

Mais...

THOMAS GOFF.

Nous vous conduirons.

ÉDOUARD.

J'ai...

THOMAS GOFF.

Nous vous traînerons.

ÉDOUARD.

Promis...

THOMAS GOFF.

Pour les narguer...

ÉDOUARD.

Que je...

THOMAS GOFF.

Pour les confondre,
Nous vous promènerons aux quatre coins de Londre.

ÉDOUARD, à Thomas Goff.

Mon cher !...

MORTINS, à Edouard.

Descends.

ÉDOUARD.

Mortins !

MORTINS.

Du moins il faut les voir.

ÉDOUARD, à part.

Quel supplice !

THOMAS GOFF, l'entraînant d'un côté.

Il le faut.

ÉDOUARD, qui cède.

Allons !

MORTINS, l'entraînant de l'autre.

C'est un devoir.

Ils sortent tous, en poussant des cris, excepté lord Derby et Caverly.

SCÈNE DOUZIÈME.

LORD DERBY, CAVERLY, assis près d'un bol de punch brûlant, dont il boit un verre.

LORD DERBY, qui s'est approché de la fenêtre.

Ils entourent Lindsey : quels transports! quel tapage!
Les voilà, malgré lui, dételant l'équipage.

CAVERLY, vidant son verre.

Parfait!

LORD DERBY.

Le gros brasseur, ma foi. l'y portera :
Il s'en défend.

LE PEUPLE, en dehors.

Houra!

LORD DERBY.

Mais c'est en vain.

LE PEUPLE.

Houra!

Houra!

LORD DERBY.

Sous les harnais ils trépignaient d'avance,
Et la foule en criant au grand galop s'élance.

Après une pause.

Il est beau d'être ainsi traîné par ses égaux.

CAVERLY, en sortant.

Pour aller où je veux j'aime mieux mes chevaux

FIN DU PREMIER ACTE.

ACTE DEUXIÈME.

ACTE DEUXIÈME.

Un salon chez lord Derby ; deux portes latérales ; une porte au fond.

SCÈNE PREMIÈRE.

GODWIN, assis près d'une table, LORD DERBY, qui entre.

LORD DERBY, entouré de plusieurs domestiques, et s'adressant à deux d'entre eux.

Je vous chasse tous deux.

Au premier.

Me regarder en face !

Au second.

Jusqu'à prendre ce ton pousser chez moi l'audace !
Hors d'ici ! vous, monsieur, pour m'avoir entendu
Sans me répondre, et vous, pour m'avoir répondu.

Aux autres.

Ne confondez jamais votre espèce et ma race,
Ou je saurai, d'un mot, vous mettre à votre place.
Sur le pavé, comme eux. Allez !

Les domestiques sortent.

SCÈNE DEUXIÈME.

LORD DERBY, GODWIN.

LORD DERBY.

Godwin, bonjour;
Vous m'attendiez?

GODWIN.

Milord se fâche à son retour?

LORD DERBY.

Oui, l'opposition gagne mon antichambre;
Du parlement aussi chacun d'eux se croit membre.

GODWIN.

De notre député milord est mécontent?

LORD DERBY.

J'ai vu cela tout jeune, et d'un air important
Cela tranche; cela vous prêche, vous gourmande :
Pour que cela vous porte il faudra qu'on s'amende.

GODWIN.

On vous a mal reçu?

LORD DERBY.

Non pas précisément;
Mais on vient m'objecter le devoir, le serment,
Je ne sais quel honneur qu'on cite avec emphase,
Et qui traîne partout.

GODWIN.

Dément-il cette phrase
Que milord avec moi voulut bien rédiger?

LORD DERBY.

Non; son honneur, à lui, veut bien s'en arranger.

GODWIN.

Compromettez un peu ces gens à caractère,
Devant l'opinion les voilà ventre à terre !

Nous le ferons marcher; s'il hésitait encor,
L'aiguillon est tout prêt : en quittant le trésor,
J'ai su par-devers moi retenir une lettre
Qui le forcerait bien, milord, à se soumettre.
Il votera pour vous.

LORD DERBY.

Ce Mortins, au besoin,
M'appuiera près de lui.

GODWIN.

Mortins!

LORD DERBY.

Vais-je trop loin
En le voyant?

GODWIN.

J'y rêve.

LORD DERBY.

Est-ce me compromettre?

GODWIN.

Mais...

ACTE II, SCÈNE II.

LORD DERBY.

Chez moi sans danger je crois pouvoir l'admettre.

GODWIN.

Les choses pour quelqu'un vont si bon train là-bas,
Que l'on peut tout oser.

LORD DERBY.

      Non pas, Godwin, non pas!
N'osons rien, s'il vous plaît : je préfère, et pour cause,
Le parti qui recueille à celui qui s'expose.
Le nôtre est patient; ose qui veut! pour lui,
Sa gloire est d'hériter de l'audace d'autrui.
Les révolutions sont une grande affaire;
Courageux qui les fait, sage qui les fait faire.
Mortins peut nous servir; je le crois décidé.

GODWIN.

Lui-même par les siens est déjà débordé.

LORD DERBY.

Qu'en s'unissant d'abord ils fassent table rase,
Et pour les accorder ensuite on les écrase.

GODWIN.

Il sera curieux de voir dans l'entretien
Le régime nouveau traiter avec l'ancien.

LORD DERBY.

Nous signerons la paix en méditant la guerre.

GODWIN.

Va pour Mortins!

LORD DERBY.

Je crois que vous ne l'aimez guère?

GODWIN.

Moi! je n'aime personne... excepté vous, milord.

LORD DERBY, en riant.

Je vous trouve exclusif.

GODWIN.

Je le suis. Ai-je tort?
Quand je criai misère, en arrivant à Londre,
Dans ce désert peuplé, qui daigna me répondre?

Personne : sans me plaindre on me laissa crier.
Quand je cherchai la gloire au fond d'un encrier,
Qui donc prit en souci mon début littéraire?
Personne. Quand le sort, las de m'être contraire,
Pour un modique emploi fit qu'on me trouva bon,
Qui m'y soutint? Personne. Évincé sans raison.
Qui me tendit la main? Personne encor. De rage,
Je rêvai sous le toit de mon troisième étage
Que je faisais fortune en rendant coup pour coup :
Je m'endormis mouton et me réveillai loup.
Pour mordre à belles dents tout fut de mon domaine ;
Je tombai sans pitié sur la sottise humaine,
J'écorchai, déchirai le troupeau des trembleurs :
Guerre ou tribut!.. Danseurs, acteurs, auteurs, parleurs,
Pour ses gestes, ses pas, son discours, son volume,
Tout paya : je battis monnaie avec ma plume.
Je fus par les bureaux fêté, doté, renté ;
Et ce qu'un brave Anglais, qui pour l'amirauté
S'escrima quarante ans de Plymouth à Surate,
N'a pas comme marin, je l'eus comme pirate.
Mais qui m'a fait mon sort? Personne. Craint de tous,
Qui peut m'aimer? Personne. Or, j'en appelle à vous,
N'ai-je pas cent raisons dont la moindre est fort bonne,
De n'aimer, n'estimer et n'épargner personne?
Toujours vous excepté, milord !

LORD DERBY.

C'est convenu:
Mais, que me vouliez-vous?

GODWIN.

Me voilà parvenu
A ce point où l'argent n'est plus que secondaire:
Je veux maintenant...

LORD DERBY.

Quoi?

GODWIN.

Que l'on me considère.

LORD DERBY.

L'argent vous mène là!

GODWIN.

Soit, quand on en a tant
Qu'à force d'en avoir on devient important;
Mais quand on ne s'est fait qu'une honnête existence,
C'est de nos amitiés que vient notre importance.

Par vous, pour réussir, je veux être étayé;
Je vous ai bien servi.

LORD DERBY.

Je vous ai bien payé.

GODWIN.

Payez-moi mieux encor.

LORD DERBY.

Comment donc?

GODWIN.

En estime.

LORD DERBY.

Je le fais.

GODWIN.

Seul à seul.

LORD DERBY.

Dans mon commerce intime
Je vous admets, Godwin.

GODWIN.

Sans témoins.

LORD DERBY.

Je ne peux
Vous montrer plus d'égards.

GODWIN.

Tête à tête : et je veux
M'honorer en public de votre patronage ;
Je veux dans vos salons jouer mon personnage ;
Je veux sur mon fauteuil y figurer le soir ;
A table, entre vos lords, chez vous je veux m'asseoir.
Voilà ce que je veux.

LORD DERBY.

Vous me parlez...

GODWIN.

Sans feinte.
La popularité qu'on se fait par la crainte,
Je l'ai. Je tiens sous moi les petits électeurs,
Et pour monter au rang de nos législateurs,

Que me faut-il? l'appui d'un marquis ou d'un comte.
Poussé d'en bas, d'en haut, j'entre au port; et je compte
Crier tant et si fort, avec ou sans sujet,
Et si bien jusqu'aux os disséquer un budget,
Si bien contre les bills m'en donner à cœur joie,
Qu'un ministre ennuyé, de désespoir, m'envoie
Me gorger de trésors au fond de l'Indostan,
Pour les venir ici digérer en sultan.

LORD DERBY.

Eh bien donc! tout à vous après notre victoire!

GODWIN.

Dès ce jour; les vainqueurs ont fort peu de mémoire.

LORD DERBY, avec hauteur.

Godwin!

GODWIN.

Est-il prudent de me répondre: non?
Ces pamphlets dont l'esprit fait honneur à mon nom,
Pour les rendre piquans qui m'aide à les écrire?
Vous; tout autre que moi, milord, pourrait le dire.

LORD DERBY.

Monsieur!

GODWIN.

Ces embarras au pouvoir suscités,
L'or les a fait, sous main, surgir de tous côtés;
Tout autre, bien instruit qu'il vient de votre bourse,
Pourrait avoir le tort d'en découvrir la source.

LORD DERBY.

Mon cher monsieur!

GODWIN.

Là-bas, votre humble confident
A dans ses intérêts plus d'un correspondant;
Et, pour certain parti, sous le nom de Montrose,
Il sait quel noble sang certaine dame expose.
Je n'avouerai jamais que c'est lady Strafford;
Mais tout autre que moi pourrait avoir ce tort.

LORD DERBY.

Mon cher ami!

GODWIN, *lui prenant la main.*

Flatté de ce titre honorable,
Laissez-moi donc me croire assez considérable,
Assez considéré, pour me montrer chez vous :
Votre ami peut prétendre à l'amitié de tous.
A ce soir, mon cher lord !

SCÈNE TROISIÈME.

LORD DERBY, seul.

Mon cher lord!... Qu'il s'y montre,
Et je... Quoi donc? J'irai moi-même à sa rencontre,
Me confondre humblement en marques d'intérêt :
Il faut tendre la main à qui sait mon secret.
Mais ma nièce, où l'emporte un culte fanatique?
Les femmes!... Risquer tout, voilà leur politique.
Elle est loin, par bonheur; je respire. Elle ici!
Je craindrais pour ses jours et pour les miens aussi.
Que ne tenterait pas la ferveur de son zèle?
Mon Dieu! du dévouement, j'en prouverai comme elle,
Plus encore au besoin, mais en homme sensé :
Peu d'abord; et beaucoup, quand tout sera passé.

Apercevant lady Strafford qui entre.

Vous!... Se peut-il? Qui, vous! lady Strafford à Londre!

SCÈNE QUATRIÈME.

LORD DERBY, LADY STRAFFORD.

LADY STRAFFORD.

J'ai voulu vous surprendre au lieu de vous répondre.

LORD DERBY.

Mettre les pieds ici dans un pareil moment !

LADY STRAFFORD.

Pour revoir Édouard avant l'événement.

LORD DERBY.

Édouard ! près de lui votre amour vous rappelle ?

LADY STRAFFORD.

Ma cause, et mon amour avec elle ou plus qu'elle ;

Qu'importe? Cet amour n'est-il pas mérité?
Je l'aime avec excès, je l'aime avec fierté :
Il sera le héros de ma grande entreprise;
Il va l'être.

LORD DERBY

Ainsi donc nous touchons à la crise?

LADY STRAFFORD.

Oui, je viens aux Brunswick porter le coup fatal,
Et choisis votre hôtel pour quartier général.

LORD DERBY.

Comment!

LADY STRAFFORD.

De m'embrasser me ferez-vous la grâce?
On conspire, cher oncle, et pourtant on s'embrasse.

LORD DERBY.

Mais tout Londre aujourd'hui se rassemble chez moi;
Puis-je vous y cacher?

LADY STRAFFORD.

M'y cacher! Et pourquoi?

LORD DERBY.

Si pour lady Montrose on vient à vous connaître!...

LADY STRAFFORD.

De garder mon secret n'êtes-vous pas le maître?

LORD DERBY.

Vous n'avez pas dessein de paraître au salon?

LADY STRAFFORD.

J'en ferai les honneurs, si vous le trouvez bon.

LORD DERBY.

C'est par trop fort !

LADY STRAFFORD.

    Pour moi votre amitié s'alarme;
Mais de quoi donc? J'arrive, et mon retour vous charme;
C'est naturel : à tous vous l'apprenez ce soir;
Rien de plus naturel alors que de me voir.
J'entre; un cercle m'entoure, et l'on me complimente;
C'est encor naturel : heureuse, on est charmante;

Et naturellement je le deviens ici.
Quoi de plus naturel, milord, que tout ceci?

LORD DERBY.

Je suis émerveillé d'une telle assurance.

LADY STRAFFORD.

Soyez, en m'écoutant, radieux d'espérance :
Victoire à nos drapeaux!

LORD DERBY.

Plus bas!

LADY STRAFFORD.

Victoire à lui!
A moi-même!

LORD DERBY.

Plus bas!

LADY STRAFFORD.

Les femmes aujourd'hui
Sous l'armure, en champ clos, ne se hasardent guère;
Mais elles font encor le destin d'une guerre.

Des Campbell, des Ivor, j'ai réchauffé les cœurs;
Et c'était vaincre aussi que les rendre vainqueurs.
Leurs clans ont triomphé sous le lambeau de soie,
Qui, brodé par mes mains, dans nos rangs se déploie:
Perth a reçu son maître, Édimbourg à genoux
Vient de le proclamer; chaque jour devant nous
A vu fuir une armée, ou tomber une ville;
Et nos couleurs bientôt flotteront sur Carlile.

LORD DERBY.

Sur Carlile!

LADY STRAFFORD.

          Voilà ce que nous avons fait.
Et vous, de tant d'exploits spectateur satisfait,
Poursuivant sans danger votre douce chimère,
Vous travaillez toujours à devenir lord-maire?

LORD DERBY.

J'ai mon but.

LADY STRAFFORD.

          Vous voulez, le plat d'argent en main,
Offrir les clefs de Londre au nouveau souverain.

LORD DERBY.

Lorsqu'avec ce présent il me verra paraître,
C'est une attention qu'il voudra reconnaître :
Mais j'y veux arriver légalement.

LADY STRAFFORD.

Très-bien!
Nous ferons mieux.

LORD DERBY.

Quoi donc?

LADY STRAFFORD.

Presque rien.

LORD DERBY.

Encor?

LADY STRAFFORD.

Rien.

LORD DERBY.

Expliquez ce qu'au fond votre esprit se propose,

Car rien dans votre bouche est toujours quelque chose.

LADY STRAFFORD.

Vous le saurez bientôt. Parlez-moi d'Édouard ;
Ce soir nous le verrons ?

LORD DERBY.

Toujours lui !

LADY STRAFFORD.

Ce regard,
Qui pénétrait mon cœur, me redira qu'il m'aime.
Pendant ma longue absence il est resté le même ;
Mais non, de ma tendresse il est plus digne encor.
Que son jeune talent a pris un noble essor !
Celui de l'aigle ; il vole, il plane dans les nues.
Lui seul peut devant nous ouvrir les avenues :
Le maître généreux, qu'il sert sans le savoir,
De l'élever bien haut m'a donné le pouvoir.

LORD DERBY.

Il ne m'en a pas moins refusé son suffrage ;
Et l'on vote demain.

LADY STRAFFORD.

Que milord nous ménage

Un moment d'entretien...

LORD DERBY.

Dans ce salon ?

LADY STRAFFORD.

Je crois
Pouvoir à son parti conquérir cette voix.
Je veux plus : ce Mortins, son influence est grande ;
N'est-il pas important qu'avec lui je m'entende ?
Il est reçu chez vous... ?

LORD DERBY, à part.

S'ils s'entendent tous deux,
Je suis sur un volcan.

LADY STRAFFORD.

Souvent ?

LORD DERBY.

Non.

LADY STRAFFORD.

C'est fâcheux.

LORD DERBY.

Mais s'il vient par hasard, restez impénétrable ;
Il a de notre cause une horreur effroyable.

LADY STRAFFORD.

Mes agens ....

LORD DERBY, effrayé.

Vos agens ?

LADY STRAFFORD.

J'en ai partout.

LORD DERBY.

Comment ?...

LADY STRAFFORD.

Chez vous, milord; et tous le jugeaient autrement.
J'avais compté sur lui pour une bagatelle.

LORD DERBY.

Ce rien dont vous parliez?

LADY STRAFFORD.

　　　　　　　　La circonstance est telle,
Qu'un petit choc de peuple, entre nous concerté,
Les armes à la main, aurait tout culbuté.

LORD DERBY.

Savez-vous, milady, qu'il y va de la tête
Pour vous?

LADY STRAFFORD.

　　Bon!

LORD DERBY.

　　　　　Pour moi-même!

LADY STRAFFORD, tranquillement.

　　　　　　　　　Et cela vous arrête?

LORD DERBY.

Tout court; et doit, je crois, m'arrêter en effet.

LADY STRAFFORD.

Eh bien! c'est une idée à laquelle on se fait;

Je dirai mieux, on l'aime : elle émeut. Je conspire!...
Ce grand mot vous rattache aux destins d'un empire.
On a, comme Édouard, sa popularité :
Ce qu'on fait sera su, ce qu'on dit répété;
Tout semble à vos regards réfléchir votre gloire,
Et, comme dans sa glace, on se voit dans l'histoire.
Je m'y voyais, quand, seule et marchant au hasard,
J'errais parmi les clans, sous le plaid montagnard;
Quand l'écume d'un lac me fouettait le visage,
Lorsqu'aux rochers d'Athol je m'ouvrais un passage,
Sur la bruyère humide à minuit m'égarant,
Mouillant mes pauvres pieds dans les flots du torrent;
Mais aussi calme alors que sous l'habit de fête
Où j'animais un bal après une conquête,
Et, le front ceint de fleurs, je portais dans mes yeux
De nos derniers exploits l'éclat victorieux.
Vie étrange, milord, mais libre, aventureuse,
Où des malheurs qu'on souffre on se sent presque heureuse,
Où, le matin jamais ne répondant du soir,
Chaque heure a son danger, chaque instant son espoir!
Rêve où le cœur s'exalte, où la tête fermente!
Un vague enivrement qui charme et qui tourmente,
Je ne sais quel attrait plus doux que le repos,
Ardent comme l'amour, se mêle à ce chaos

De sentiments confus, d'émotions rapides;
Et c'est la volupté des âmes intrépides.

LORD DERBY.

Ne vous y fiez pas : c'est le plaisir des fous;
Et j'y cours, croyez-moi, moins de danger que vous.
Quand les femmes ainsi tranchent de l'héroïque,
Leur sexe les renie, et le nôtre se pique,
Se venge; et si leurs jours échappent au bourreau,
Leur réputation reste sur le carreau.

LADY STRAFFORD.

La mienne peut, milord, braver la calomnie,
J'y veille de trop près pour qu'elle en soit ternie;
Je mourrai sans la perdre, ou plutôt je vaincrai;
C'est le bien d'Édouard, jugez s'il m'est sacré!
Mais je vous quitte, adieu! j'ai ma toilette à faire;
Car, même en conspirant, une femme doit plaire.

SCÈNE CINQUIÈME.

LORD DERBY, puis UN DOMESTIQUE.

LORD DERBY.

Conspirer! conspirer! Elle aime ce mot-là.

UN DOMESTIQUE, annonçant.

Monsieur Mortins!

LORD DERBY.

A l'autre! Au point où me voilà,
Si le pied porte à faux un gouffre vous dévore,
Et l'on roule déjà, qu'on croit marcher encore.
Tenons-nous bien.

SCÈNE SIXIÈME.

LORD DERBY, MORTINS.

MORTINS.

J'arrive, et le premier de tous,
Vous le voyez, milord.

LORD DERBY.

Que c'est aimable à vous!
Passons dans les salons.

MORTINS.

Pour notre conférence,
Veuillez à celui-ci donner la préférence:
Il est plus retiré.

LORD DERBY.

Du mystère! A quoi bon?

MORTINS.

Afin d'aller au but.

LORD DERBY.

Mais à quel but?

MORTINS.

Pardon!
N'en aviez-vous pas un en m'invitant?

LORD DERBY.

Sans doute:
Le plaisir de vous voir.

MORTINS.

Pas d'autre?

LORD DERBY.

Moi!

MORTINS.

J'écoute.

LORD DERBY.

J'attends.

MORTINS.

Vous répugnez à faire un premier pas ; Je vous l'épargnerai.

LORD DERBY.

Je ne vous comprends pas.

MORTINS.

En êtes-vous bien sûr ?... Vous aimez la patrie ?

LORD DERBY.

Comme vous.

MORTINS.

A regret vous la voyez flétrie ?

LORD DERBY.

A regret.

MORTINS.

Vous feriez tout pour changer son sort.

LORD DERBY, vivement.

Légalement, monsieur!

MORTINS.

Légalement, milord.

LORD DERBY.

Renfermé dans la loi, j'y reste.

MORTINS.

Moi, de même;
L'intérêt du pays étant la loi suprême.
Ne le pensez-vous pas?

LORD DERBY.

Bien des gens l'ont pensé.

MORTINS.

Or, dans cet intérêt vous voulez le passé...

LORD DERBY, vivement.

Monsieur!

MORTINS.

Moi, l'avenir: donc le présent nous gêne.

LORD DERBY.

Il offre des abus.

MORTINS.

Que je hais.

LORD DERBY.

Qui font peine.

MORTINS.

Nos droits foulés aux pieds.

LORD DERBY.

Je pleure sur nos droits.

MORTINS.

Les hommes qu'on estime éloignés des emplois.

LORD DERBY.

Ils le sont.

MORTINS.

Vous, milord.

LORD DERBY.

Vous, plutôt.

MORTINS.

Je m'efface.

LORD DERBY.

Et moi donc !

MORTINS.

J'en conclus que pour tout mettre en place,
Il faut déplacer tout.

LORD DERBY.

Funeste vérité !
Mais sans sortir pourtant de la légalité.

MORTINS.

C'est pour arriver là, qu'en toute confiance,
Je viens vous proposer un traité d'alliance.

LORD DERBY.

Vous riez?

MORTINS.

Non.

LORD DERBY.

Si fait.

MORTINS.

Rien n'est plus sérieux.

LORD DERBY.

Vous m'honorez beaucoup.

MORTINS.

Je veux vous servir mieux.

LORD DERBY.

En quoi donc, s'il vous plaît?

MORTINS.

En vous faisant lord-maire.

LORD DERBY.

Vous, monsieur!

MORTINS.

Moi, milord.

LORD DERBY.

Comment?

MORTINS.

C'est mon affaire.

LORD DERBY.

Je m'abandonne à vous.

MORTINS.

Mais, entendons-nous bien :

Au temps où nous vivons on ne fait rien pour rien.

LORD DERBY.

Comme dans tous les temps.

MORTINS.

La Cité, par exemple,
Devient votre royaume.

LORD DERBY.

Et j'en veux faire un temple
Où réside la loi.

MORTINS.

Sœur de la liberté.

LORD DERBY.

Sœur jumelle.

MORTINS.

J'admets que dans votre Cité,
Un jour d'élection, au cortége funèbre

ACTE II, SCÈNE VI. 115

D'un amiral, d'un lord, d'un orateur célèbre,
Que sais-je ? de Névil...

LORD DERBY.

J'y serai.

MORTINS.

Comme nous ;
Et tout homme de cœur y doit être avec vous.
J'admets que pour Névil l'enthousiasme éclate :
L'excès en est permis quand c'est la mort qu'on flatte.

LORD DERBY.

La vertu.

MORTINS.

Le lord-maire y verrait-il du mal ?

LORD DERBY.

Monsieur, l'enthousiasme est légal.

MORTINS.

Très-légal.
L'est-il que la Cité, livrée au ministère,

Reçoive dans son sein la force militaire?
Je ne le pense pas; et vous, milord?

LORD DERBY.

Ni moi.

MORTINS.

Le bâton du constable est l'arme de la loi.

LORD DERBY.

Dans presque tous les cas.

MORTINS.

Dans celui-ci.

LORD DERBY.

C'est juste.
Mais alors vous craignez qu'à cette fête auguste,
Où Londre en deuil honore un si grand citoyen,
Un trouble sérieux.....

MORTINS.

Oh! moi je ne crains rien.

ACTE II. SCENE VI.

LORD DERBY.

Non! Vous croyez?...

MORTINS.

Je cite un exemple entre mille.

LORD DERBY.

Mais probable?

MORTINS.

Possible : ainsi ce vieil asile
Des franchises de Londre, il restera sacré.

LORD DERBY.

Je voudrais réfléchir.

MORTINS.

Soit; je réfléchirai
Avant d'agir pour vous.

LORD DERBY, vivement.

Névil est mon idole.

MORTINS.

Ah !

LORD DERBY.

C'est un dieu pour moi.

MORTINS.

J'ai donc votre parole ?

LORD DERBY.

Engagement secret qui reste entre nous deux ?

MORTINS.

C'est dans l'ordre.

LORD DERBY, bas, en lui présentant la main.

Agissez.

MORTINS, lui donnant la sienne.

Même but ?

LORD DERBY.

Mêmes vœux.

MORTINS.

Cause commune?

LORD DERBY.

En tout. Silence à toute épreuve !

MORTINS.

Je resterai muet.

LORD DERBY.

Il m'en faut une preuve :
Pas un mot à ma nièce !

MORTINS.

Eh quoi ! lady Strafford...

LORD DERBY.

Est ici ; mais sachez qu'elle hait à la mort
Tous vos amis.

MORTINS.

Et moi.

LORD DERBY.

La haine politique
N'a rien de personnel.

MORTINS.

N'importe, je me pique;
Et si milord, ce soir, veut bien me présenter,
J'espère en lui parlant...

LORD DERBY.

Ce serait tout gâter,
Tout perdre!

MORTINS.

Je me rends; mais l'affaire est conclue:
Du titre de lord-maire, ici, je vous salue.

LORD DERBY.

Déjà!

MORTINS.

A part.

Comptez sur moi. Le lord-maire ira loin,
Ou je le briserai.

LORD DERBY.

Je vous prends à témoin
Que j'accepte sans crainte un poste difficile.

A part.

Je n'entre en fonction que si tout est tranquille.

MORTINS.

C'est noble à vous.

LORD DERBY.

Silence! on vient.

SCÈNE SEPTIÈME.

LES PRÉCÉDENS, CAVERLY.

CAVERLY.

Suis-je indiscret?

LORD DERBY.

Il faudrait entre nous supposer un secret!

CAVERLY.

Non; qui donc aujourd'hui prend souci de se taire?
Je suis bien, quant à moi, revenu du mystère:
Londre en une heure ou deux sait ce qu'on dit tout haut,
Et ce qu'on dit tout bas se sait un peu plus tôt.

MORTINS.

Vraiment?

CAVERLY.

On peut citer des traités d'alliance,
Qui, signés sans témoins, étaient publics d'avance :
J'en connais un.

LORD DERBY.

Quel bruit!

MORTINS.

Ce murmure flatteur
Nous annonce Édouard.

CAVERLY.

Oui, le triomphateur.

LORD DERBY.

Allons le recevoir.

CAVERLY.

Il a fait bon voyage;
Tant mieux! je crains toujours qu'un si noble attelage
N'accroche, en les traînant, nos popularités :
J'ai vu mourir ainsi tant d'immortalités.

MORTINS.

La sienne survivra.

CAVERLY.

Saluez donc la sienne;
Car le voici!

SCÈNE HUITIÈME.

LES PRÉCÉDENS, ÉDOUARD.

ÉDOUARD.

Milord, il faut que j'en convienne,
Je me suis d'avec vous séparé brusquement.

LORD DERBY.

Que pouviez-vous, Lindsey, contre un enlèvement?

CAVERLY.

Rejoignons-nous la foule? à le voir elle aspire.

ÉDOUARD, à part.

Où donc est Julia?

LORD DERBY.

Permettez qu'il respire.

MORTINS.

Lui, fléchir sous le poids des lauriers qu'il obtient !
En fût-on surchargé, ce fardeau vous soutient.

LORD DERBY.

Mais songez que ce soir la Chambre le rappelle.

Bas, à Édouard.

Restez dans ce salon.

ÉDOUARD, de même.

Moi ?

CAVERLY.

Sa thèse est si belle,
Que sans se préparer il nous sera fatal.

MORTINS.

C'est qu'il est convaincu que vous gouvernez mal.

ACTE II, SCÈNE VIII.

CAVERLY.

Et je ne suis pas, moi, convaincu du contraire ;
Mais si le cabinet succombe dans l'affaire,
Je ne sais, ma foi, plus où diable nous irons.

MORTINS.

Je m'en vais vous le dire : Où nous vous conduirons.

ÉDOUARD, en souriant.

Pas plus loin.

CAVERLY.

Justement, c'est à quoi je m'oppose.

LORD DERBY.

Tandis qu'il se remet de son apothéose,
Veuillez me suivre.

MORTINS.

Un mot, avant de le quitter!...

LORD DERBY, qui le prend par le bras.

Non pas ; à mes amis je veux vous présenter :

J'y mets ma gloire.

CAVERLY.

Allez : il faut qu'il me raconte
Son voyage.

LORD DERBY, l'entrainant.

Plus tard il vous en rendra compte.
Ma revanche !

CAVERLY

A l'instant ; et nous joûrons gros jeu.

MORTINS, en sortant, à Caverly.

C'est une émotion : vous en avez si peu.

SCÈNE NEUVIÈME.

ÉDOUARD, puis LADY STRAFFORD.

ÉDOUARD, qui tombe dans un fauteuil.

D'honneur, je suis brisé ! Pour comble d'infortune,
Jamais ovation ne fut plus importune :
Je sais qu'elle m'attend, et je cours la revoir ;
On me saisit ; je roule, et dans mon désespoir,
Sans que j'ose arrêter la prison qui m'emporte,
On me fait par trois fois passer devant sa porte !
Mais que m'a dit milord ? que je reste ; et pourquoi ?
Veut-il m'entretenir ? Non, Julia, c'est toi,
Toi seule ; et, je le sens au trouble de mon âme,
Ces travaux où l'orgueil trouve un plaisir de flamme,
Leur charme inspirateur, leurs succès palpitans,
Le cèdent en ivresse à de si doux instans.

LADY STRAFFORD, qui est sortie en grande parure de son appartement, et qui est venue pas à pas, pendant ces derniers vers, s'appuyer sur le fauteuil de Lindsey.

Édouard, est-ce vrai ?

ÉDOUARD, qui se lève.

Vous! c'est bien vous!

LADY STRAFFORD.

Oui, celle
Qu'autrefois vous aimiez.

ÉDOUARD.

Que je revois plus belle;
Que j'aime plus encor, que je préfère à tout;
Dont l'ardent souvenir me poursuivait partout.

LADY STRAFFORD.

Le vôtre de mes jours a seul rempli le vide.
Du bruit de vos succès combien j'étais avide!
Que n'aurais-je donné pour en être témoin;
Pour applaudir celui que j'admirais de loin.

Exciter son ardeur, l'enflammer, et me dire:
Il doit à mon amour un peu de son empire!

ÉDOUARD.

Pourquoi donc ce retour si longtemps différé,
Ce silence mortel qui m'a désespéré,
Et qui, mêlant le doute aux ennuis de l'absence,
M'a presque laissé croire à votre indifférence?

LADY STRAFFORD.

Je ferai cet aveu, je vous le jure; mais...

ÉDOUARD.

Parlez.

LADY STRAFFORD.

Vous l'attendrez, sans m'y forcer jamais.

ÉDOUARD.

Vous jouer de ce cœur dont vous êtes maîtresse.
N'est-ce pas abuser de sa folle tendresse;
Et, fût-il à vos yeux digne de châtiment,
Ne le traitez-vous pas trop rigoureusement?!

LADY STRAFFORD.

Mais j'ai lieu d'être aussi quelque peu mécontente ;
N'avez-vous pas tantôt bien trompé mon attente ?

ÉDOUARD.

Le peuple m'entraînait ; comment le gouverner ?
A notre rendez-vous fallait-il l'amener ?

LADY STRAFFORD.

Non, le peuple est un tiers qui gêne un tête-à-tête ;
Il est beau cependant d'avoir fait sa conquête.

ÉDOUARD.

Vos vœux sont donc comblés : de vous vient mon pouvoir
Contre ceux qu'avec lui je combats par devoir ;
Vous mettez dans ma voix cet accent d'honnête homme
Qui fait pâlir leur front avant que je les nomme ;
Dans mes yeux ces éclairs d'un courroux généreux,
Dans ma parole enfin cet ascendant sur eux,
Qui de nos libertés décident la victoire :
Vous êtes mon talent, mon bonheur, et ma gloire.

LADY STRAFFORD.

Si je suis tout cela, je n'ai qu'à demander
Pour obtenir ?

ÉDOUARD.

J'attends ; vous pouvez commander.

LADY STRAFFORD.

Que mon oncle par vous sur ses rivaux l'emporte.

ÉDOUARD, après une pause.

Je ne puis rien pour lui.

LADY STRAFFORD.

Le vœu public le porte.

ÉDOUARD.

Nous pensons par malheur tous deux différemment,
Et ce serait voter contre mon sentiment.

LADY STRAFFORD.

Consentez.

ÉDOUARD.

J'ai promis.

LADY STRAFFORD.

A qui donc?

ÉDOUARD.

Le temps vole :
A mes devoirs bientôt il faut que je m'immole.
Avant que mon bonheur ne soit qu'un souvenir,
Fixez le lieu, le jour qui doit nous réunir.
Demain, dans cette terre où j'aimai, jeune encore,
Et presque à mon insu, ce qu'aujourd'hui j'adore,
Mon vieux père me fête, et milord y viendra;
Vous l'y suivrez?

LADY STRAFFORD.

Sans moi milord vous fêtera.

ÉDOUARD.

Se peut-il?

LADY STRAFFORD.

Comme vous, j'ai promis.

EDOUARD.

Votre absence
Viendrait-elle attrister le jour de ma naissance?

LADY STRAFFORD.

Vous y penseriez peu ; car un grand citoyen
Quand il a bien voté ne s'attriste de rien.
Mais qui donc nommez-vous?

EDOUARD.

Nelbroun.

LADY STRAFFORD.

Lui, qu'on déteste !

EDOUARD.

Injustement.

LADY STRAFFORD.

Ce choix n'en est pas moins funeste.
L'impopularité qui s'attache à son nom,
Vous la partagerez, vous mon orgueil ; oh ! non,

Non, quand l'opinion de palmes vous couronne,
Vous ne pouvez vouloir qu'elle vous abandonne.

ÉDOUARD.

Si pour vous obéir il faut subir sa loi,
C'est elle, milady, que vous aimez en moi.

LADY STRAFFORD.

Ah! je n'aime que vous, mais vous irréprochable,
Vous admiré de ceux que votre force accable,
Vous entraînant les cœurs, maîtrisant les esprits,
Au faîte du pouvoir, vous, porté par les cris
D'un grand peuple opprimé que votre voix délivre.
Pardonnez, mon ami, cette gloire m'enivre;
Je l'aime; elle a pour moi d'ineffables attraits:
Mais cette gloire enfin, c'est vous; je ne saurais
La détacher de vous, ni vous séparer d'elle,
Et même en l'adorant je vous reste fidèle.

ÉDOUARD.

Quels regards, Julia, quels accents enchanteurs!
Si la Chambre comptait de pareils orateurs,
Contre leur ascendant qui pourrait se défendre?
Il faudrait leur céder ou ne pas les entendre.

LADY STRAFFORD.

Aussi vous céderez. Ah! cédez : savez-vous
Quel poids l'opinion peut donner à vos coups,
Et, quand vous me parlez de la heurter en face,
Ce que peut avec elle accomplir votre audace?
J'ai mis sur vous l'espoir d'un si noble dessein!...

ÉDOUARD.

Vous, Julia!

LADY STRAFFORD.

D'orgueil il fait battre mon sein :
Qu'il est beau, qu'il est grand! Édouard, quel théâtre
Il ouvre à ce talent dont je suis idolâtre!
Notre union peut-être en dépend.

ÉDOUARD.

Achevez.

LADY STRAFFORD.

Eh bien, donc...

SCÈNE DIXIÈME.

LES PRÉCÉDENS, LORD DERBY, THOMAS GOFF.

THOMAS GOFF, en dehors, à lord Derby.

Tout à vous, si vous me le trouvez!

En entrant.

Quand j'ai su qu'il était chez votre seigneurie,
Je me suis dit : Milord estime l'industrie,
Son salon m'est ouvert; courons...

Apercevant Édouard.

Ah! le voilà!

ÉDOUARD, à part.

Mais il s'attache à moi.

LADY STRAFFORD, à Édouard.

Quel est ce monsieur-là?

LORD DERBY, à lady Strafford qui s'incline froidement.

Monsieur Goff, milady, puissant capitaliste!

<small>Bas.</small>

Électeur que je place en tête de ma liste.

LADY STRAFFORD, qui, toutes les fois qu'elle parle à Thomas Goff, jette à Édouard un regard ironique.

Goff!.. Pardonnez: ce nom me revient maintenant;
Il a passé les mers. Goff!... Sur le continent
Il n'est bruit que de vous, monsieur Goff.

EDOUARD, bas à lady Strafford.

Ah, méchante!

THOMAS GOFF, radieux.

Le continent me fait un honneur qui m'enchante.

ÉDOUARD.

Que voulez-vous, mon cher? De grâce, soyez bref.

THOMAS GOFF.

Je venais demander le mot d'ordre à mon chef:
Qui portons-nous?

LADY STRAFFORD.

Milord.

ÉDOUARD, à Thomas Goff.

Cette grave matière
Doit se traiter ailleurs.

LORD DERBY.

Indépendance entière !
Ma nièce, gardez-vous d'influencer son choix.

THOMAS GOFF.

Rien que pour ce mot-là vous méritez sa voix.
J'ai péroré pour vous.

LORD DERBY.

Je vous en remercie.

THOMAS GOFF.

Il a tourné le dos à l'aristocratie,
Ai-je dit.

LADY STRAFFORD.

Beau début !

THOMAS GOFF.

Au titre, au rang qu'il a,
Il ne tient pas du tout.

LADY STRAFFORD.

Qui donc tient à cela ?

THOMAS GOFF.

Préjugé ! selon lui.

ÉDOUARD.

Vous allez loin.

LORD DERBY.

Fantôme !

LADY STRAFFORD.

Un riche commerçant vaut un pair du royaume.

THOMAS GOFF.

Que pour une lady vous parlez dignement !

Si les femmes jamais entrent au parlement...

LADY STRAFFORD.

Sur tous les candidats j'aurai la préférence.

THOMAS GOFF.

Oui, quand mistriss Nelbroun vous ferait concurrence.
Pour son très-cher mari qu'on oppose à milord,
Je ne veux pas de lui.

LORD DERBY.

Je le plains.

LADY STRAFFORD.

S'il a tort
Aux yeux de monsieur Goff, je doute qu'on le nomme.

THOMAS GOFF.

Qui donc le nommerait? il est mort, le pauvre homme!

ÉDOUARD.

Mort!

THOMAS GOFF.

Comme candidat : je ne l'ai pas tué;

Mais en chœur, grâce à moi, je veux qu'il soit hué...

ÉDOUARD.

Qu'avez-vous fait?

THOMAS GOFF.

Honni.

ÉDOUARD.

Quoi! monsieur...

THOMAS GOFF.

Dans l'ornière
Je le crois embourbé de si rude manière...

ÉDOUARD.

C'est un loyal Anglais.

THOMAS GOFF.

C'est l'agent d'Harrington,
C'est son âme damnée...

ÉDOUARD.

A quoi s'expose-t-on

Lorsque d'un tel ministre on soutient le système?
Sans pouvoir le servir je me perdrai moi-même.

LADY STRAFFORD.

Et votre cause aussi.

ÉDOUARD.

C'est trop vrai!

LADY STRAFFORD.

Quand mes yeux
S'attendriront demain en revoyant ces lieux
Dont mon cœur dans l'exil a gardé la mémoire,
Que j'aie à vous louer d'une double victoire.

ÉDOUARD.

Vous vous dégagerez?

LADY STRAFFORD.

Comme vous : le matin,
Vous aurez pour milord fait pencher le scrutin.

ÉDOUARD.

L'ai-je dit?

ACTE II, SCÈNE X.

LADY STRAFFORD.

Ce bonheur est douteux, mais possible ;
Et dans une autre lutte où, longtemps invincible,
Vous n'avez de rivaux que vos succès passés,
Nos tyrans, votre voix les aura terrassés.

THOMAS GOFF.

Détruits.

LADY STRAFFORD

Brisez un joug que vous devez maudire,

Bas.

Triomphez d'Harrington ; j'oserai tout vous dire.

ÉDOUARD.

Plein du feu que je porte au combat qui m'attend,
Puis-je à nos libertés faillir en vous quittant?
Pour enflammer les cœurs dont elles vont dépendre,
Le mien dans mes discours n'a plus qu'à se répandre.
Je cours vous le prouver.

THOMAS GOFF.

Je cours de mon côté

Me prononcer pour vous dans notre comité.

LORD DERBY.

Porté par monsieur Goff, je puis tout me promettre.

LADY STRAFFORD.

Honneur à monsieur Goff !

THOMAS GOFF, à lady Strafford.

Si j'osais me permettre
D'offrir ma main...

LADY STRAFFORD, qui, en l'acceptant, lance un dernier coup d'œil à Édouard.

Appui dont je fais un grand cas,
Monsieur Goff !

Édouard reste un moment étonné et les suit.

LORD DERBY, qui les regarde sortir.

Pour monter où ne descend-on pas !

FIN DU DEUXIÈME ACTE.

ACTE TROISIÈME.

ACTE TROISIÈME.

Un salon à la campagne, chez sir Gilbert; au fond, des fenêtres et une porte ouvertes qui laissent voir un parc.

SCÈNE PREMIÈRE.

SIR GILBERT, ÉDOUARD.

SIR GILBERT.

Moi! qu'en vous revoyant dans mes bras je vous serre!
Non; vous m'avez gâté ce doux anniversaire.

ÉDOUARD.

Croyez...

SIR GILBERT.

Derby triomphe, et par vous!

EDOUARD.

Dans un choix,

L'intérêt politique est sur nous d'un grand poids.

SIR GILBERT.

C'est une trahison.

ÉDOUARD.

Ah !...

SIR GILBERT.

                              L'excuse à la mode,
L'intérêt politique, est un moyen commode.
Devant moi votre honneur, justement timoré,
Souvent contre Derby sur ce mot s'est cabré;
Et le voilà votre homme, et ce mot est le vôtre.
Vous faites bien, monsieur, de n'en pas chercher d'autre;
Quand on le dit en face au public qui le croit,
On peut à poing fermé souffleter le bon droit,
Au mérite, aux vertus, on peut faire avanie
En jetant à l'intrigue un prix qu'on leur dénie;
Et si quelque vieillard, qui vivait dans son coin,
De ne les pas trahir sent encore le besoin,
Son cœur a beau saigner, l'intérêt politique
Pour lui, comme pour tous, est un mot sans réplique.

ÉDOUARD.

Cette excuse pourtant n'est pas hors de saison :
D'avoir mille vertus Nelbroun a bien raison ;
Mais ses vertus ont tort de heurter tout le monde.
On peut, en honnête homme, à son siècle qu'on fronde
Du haut de son dédain dire la vérité,
Sans être un fanfaron d'impopularité.
Il l'est : le soutenir, c'était faire divorce
Avec ce vœu public dont j'emprunte ma force ;
Et j'ai sacrifié, j'en gémis comme vous,
Les droits sacrés d'un seul aux droits plus saints de tous.
Mon motif, le voilà ; sans rougir j'en rends compte :
Mais ce qui sur ma joue a fait monter la honte,
Ce qui révolte ici mon honneur indigné,
C'est ce mot trahison, que j'aurais dédaigné
Dans la bouche d'un autre, et qui me désespère
En tombant sur mon cœur des lèvres de mon père.

SIR GILBERT.

Hier, avec quel feu, quel courroux véhément,
Ne vous a-t-on pas vu tonner au parlement !
Votre succès fut grand, immense.

ÉDOUARD.

Il vous irrite?

SIR GILBERT.

J'en suis plus fier que vous; mais contre le mérite,
Les services, l'honneur, contre un choix excellent,
Pour plaire à vos amis, tourner votre talent:
C'est en flétrir l'usage. Oui, monsieur, l'éloquence
Est un mal, quand le mal en est la conséquence:
Celui-là fait le mal, qui prouve éloquemment
Que la raison a tort, que la vérité ment;
Et dans ce député, qu'à sa honte on renomme,
J'admire l'orateur, mais je méprise l'homme.

ÉDOUARD.

Suis-je cet homme?

SIR GILBERT.

Non; si vous l'étiez!...

ÉDOUARD.

Alors,

Veuillez m'entendre.

SIR GILBERT.

Adieu !

ÉDOUARD.

Modérez ces transports.

SIR GILBERT, qui s'est rapproché d'une fenêtre.

Que vois-je ?

ÉDOUARD.

Où donc?

SIR GILBERT.

Là-bas, dans ces flots de poussière,
Un cavalier court, vole, et franchit la barrière.

ÉDOUARD.

C'est Mortins.

SIR GILBERT.

Je le fuis.

ÉDOUARD.

Veuillez le recevoir...

SIR GILBERT.

Venez.

ÉDOUARD.

Un seul moment.

SIR GILBERT.

Pas un.

ÉDOUARD.

De ce devoir,
A votre place, au moins, souffrez que je m'acquitte.

SIR GILBERT.

Choisissez entre nous : venez, ou je vous quitte.

ÉDOUARD.

Mais...

SIR GILBERT.

C'est sans moi, monsieur, que vous le recevrez.
Fêtez-les, ces amis qui me sont préférés ;
Vous leur appartenez plus qu'à votre vieux père,
Plus qu'à vous-même. Adieu ; j'emporte ma colère,
Et sous l'ombrage épais où je vais la cacher,
Quand ils le permettront vous viendrez me chercher.

EDOUARD.

Je vous suis.

A Mortins qui entre.

Attends-moi.

MORTINS.

Reviens.

SCÈNE DEUXIÈME.

MORTINS, seul.

Une étincelle !
Tout s'enflamme. Au convoi l'occasion est belle;
Qu'il parle, que par lui le gant leur soit jeté :
Aux armes ! et du choc jaillit la liberté.
Le fera-t-il ?... Du moins qu'il écrive.

SCENE TROISIÈME.

MORTINS, ÉDOUARD.

ÉDOUARD.

                              Mon père
Me fuit, et de Nelbroun l'échec le désespère.

MORTINS.

Calme-toi.

ÉDOUARD.

J'ai le cœur navré de ses regrets.

MORTINS.

D'abord sois citoyen ; tu seras fils après.
Était-ce le moment de déserter la ville?

ÉDOUARD.

Te voilà furieux pour avoir fait un mille !

MORTINS.

Trois.

ÉDOUARD.

Qu'est-ce que cela ?

MORTINS.

Du temps perdu.

ÉDOUARD.

Quel bruit,
Pour une heure qu'on perd !

MORTINS.

Une heure porte fruit ;
Une heure quelquefois comme un siècle est féconde.

ÉDOUARD.

Au fait !

MORTINS.

Nous l'emportons.

ÉDOUARD.

Mais Godwin et son monde
Marchaient sous ton drapeau.

MORTINS.

Dis plutôt sous le tien.

ÉDOUARD.

C'est un mal.

MORTINS.

Rien n'est mal pour arriver au bien.

ÉDOUARD.

Sans eux l'élection avait la même issue.

MORTINS.

Unanime par eux, c'est un coup de massue.

ÉDOUARD.

Pour le ministère?

MORTINS.

Oui.

ÉDOUARD.

Je puis tout approuver,
S'il en meurt.

MORTINS.

Pour qu'il meure, il le faut achever.

ÉDOUARD.

Viens-tu me proposer quelque autre choix semblable?

MORTINS.

Notre choix d'aujourd'hui pouvait être admirable.

ÉDOUARD.

Comment?

MORTINS.

Sans ton refus nous l'aurions nommé tous.

ÉDOUARD.

C'est un honneur, Mortins, dont j'étais peu jaloux.

MORTINS.

Ne l'étant pas pour toi, pour nous tu devais l'être ;
Mais ce noble fardeau te reviendra peut-être.
Tes collègues sont nuls.

ÉDOUARD.

C'est vrai.

MORTINS.

Si par hasard
Milord à s'installer mettait quelque retard...

ÉDOUARD.

Eh bien ?

MORTINS.

De la Cité tu resterais l'arbitre,

Et serais par le fait ce qu'il est par le titre.

ÉDOUARD.

Mais le contraire est sûr.

MORTINS.

C'est ce qu'il faudra voir :
Tu vas en attendant user de ton pouvoir.

ÉDOUARD.

Comme alderman?

MORTINS.

Sans doute.

ÉDOUARD.

A ton nouveau lord-maire
Que ne t'adresses-tu?

MORTINS.

Ton nom m'est nécessaire.
Par quelques mots brûlans et de ta main signés,
Arrache à leurs travaux ces hommes dédaignés,
Mais purs, mais dont la race, injustement flétrie,

De ses mâles sueurs enrichit l'industrie.
Que les marchés déserts, le port, les ateliers,
Sur le pavé, demain, les jettent par milliers :
Qu'ils viennent de Névil escorter la grande ombre ;
Au convoi triomphal qu'ils viennent par leur nombre
Témoigner de ta force en marchant sur tes pas.
Les puissans font cortége aux puissans d'ici-bas ;
A l'homme vertueux il faut une autre gloire,
C'est tout un peuple en deuil honorant sa mémoire.

ÉDOUARD.

Me réponds-tu, Mortins, de leur recueillement?

MORTINS.

Leur respect t'en répond, à moins que s'animant
De l'énergique ardeur que tes accens font naître,
D'en comprimer l'élan leur cœur ne soit plus maître.
Spectacle auguste, alors! qu'il sera beau de voir
Cette innombrable masse à ta voix s'émouvoir,
Frémir de tes transports, s'embraser de ta flamme,
Et prendre, en t'admirant, une âme dans ton âme!
Tu n'auras plus affaire à tes faiseurs de lois;
Cœurs glacés que ceux-là! Non, tu vas cette fois,
Tu vas ressusciter sur la place publique

Les triomphes perdus de l'éloquence antique.
Mais, ce n'est pas assez d'exalter la vertu ;
Frappe, écrase le vice à ses pieds abattu.
Ils seront là, couverts de leur deuil hypocrite :
Que sur leur front, par toi, leur honte soit écrite ;
Sous leur vain appareil va les chercher, prends-les.
Livre-les dépouillés aux regards des Anglais ;
Que dans leur nudité le peuple les contemple.
Et faire de leur chute un mémorable exemple,
En te portant au ciel les réduire au néant,
Ne sera plus qu'un jeu pour ses bras de géant.

ÉDOUARD.

Eh quoi ! sur un cercueil des paroles de haine !
Quoi ! profanant des morts le funèbre domaine,
Y transporter l'aigreur de nos débats humains :
Quelle arène, Mortins, pour en venir aux mains !
Névil s'indignerait de nous y voir descendre,
Et nos pieds de ton père y fouleraient la cendre.
Dans nos temps sans croyance, où l'on se rit de tout,
Laisse au moins des tombeaux la majesté debout.
Nous devons à Névil un peuple pour cortége ;
Il l'aura ; j'écrirai : mais qu'un mot sacrilége
Dans le séjour de paix troublé par nos discords

Divise les vivans en insultant les morts?
Non; d'un culte si saint malheur à qui se joue!
Honte à qui peut jeter dans le sang et la boue
Un appel aux partis pour en souiller l'adieu
Que reçoit la vertu qui remonte vers Dieu!
Je dois combattre ailleurs une injuste puissance;
Là je ne dois parler que de reconnaissance.
Quand un grand citoyen n'a plus rien de mortel,
Pour la patrie en pleurs sa tombe est un autel
Qui réunit les fils sur la cendre des pères,
Et devant un cercueil tous les hommes sont frères.

MORTINS.

Tu vas perdre, Édouard, un triomphe assuré.
Chacun parle, après tout, comme il est inspiré;
Dis ce qui te plaira, je dis ce que je pense;
Mais remplis un devoir dont rien ne te dispense:
L'adresse que j'attends n'admet point de retards;
Rédige-la de verve, écris, signe, et je pars.

ÉDOUARD.

J'y vais.

Il sort par une porte latérale.

SCÈNE QUATRIÈME.

MORTINS, seul.

Respect d'enfant! Demain, quoi que tu fasses,
Avec ou malgré toi, nous remuerons les masses :
Sur le pouvoir croulant nous allons les lâcher;
Elles t'entraîneront. Tu ne veux que marcher;
Tu vas courir. Le fou! Pourtant sa modestie
Laisse aux mains d'un Derby le sort de la partie.
Mais l'avoir fait nommer n'est pas un faux calcul :
Nelbroun aurait agi; lui, je le rendrai nul.
Faisons plus : qu'à son poste il n'ose point paraître;
De tout, comme alderman, Édouard reste maître...
Oui, que milord s'absente ou ne soit qu'un écho.
Devenons donc pour lui le spectre de Banquo :
Terrible j'apparais avant qu'il se cramponne
A son fauteuil de maire; et je veux qu'il frissonne,
Je veux... Lady Strafford!

SCÈNE CINQUIÈME.

MORTINS, LADY STRAFFORD, des fleurs à la main.

LADY STRAFFORD, à part, en entrant.

Monsieur Mortins!

MORTINS, à part.

Ma foi!
J'affronte à tout hasard l'horreur qu'elle a pour moi.

LADY STRAFFORD, à part.

Risquons le tête-à-tête; après tout il m'importe
De savoir jusqu'où va la haine qu'il me porte.

A Mortins.

Mon oncle, qui me suit, va dans quelques momens

Vous adresser, monsieur, tous ses remercîmens :
Il vous en doit beaucoup.

MORTINS.

D'un acte de justice !
C'est à nous, milady, que j'ai rendu service.

LADY STRAFFORD.

Votre nom est pour vaincre un puissant allié.

MORTINS.

Ce nom, quoi ! milady ne l'a pas oublié?

LADY STRAFFORD.

Convenez qu'en cela j'eus bien peu de mérite:
L'oublier ! et comment? tout le monde le cite.

MORTINS.

Édouard a lui seul cette gloire aujourd'hui.

LADY STRAFFORD.

Vous n'êtes donc, monsieur, juste que pour autrui.

MORTINS, à part.

Sa haine est fort aimable.

LADY STRAFFORD, à part.

Il n'est pas trop farouche.

MORTINS.

Je n'osais espérer cet accueil qui me touche.

LADY STRAFFORD.

Pourquoi?

MORTINS.

De sentimens nous différons tous deux.

LADY STRAFFORD.

Oui, si vous arriviez au comble de vos vœux,
Je sais ce qu'au besoin de nous vous pourriez faire.

MORTINS.

Quoi donc?

LADY STRAFFORD, cassant une à une les têtes des fleurs qu'elle tient à la main.

Vous comprenez?

MORTINS.

L'allégorie est claire.
Mais, songez-vous, madame, en rappelant Tarquin,
Qu'il était monarchique et non républicain?

LADY STRAFFORD.

Tous les partis vainqueurs ont, je crois, son système :
C'est ce que vous feriez?

MORTINS.

Et vous feriez de même?

LADY STRAFFORD.

Non.

MORTINS.

Ni moi : si jamais je viens à l'emporter,
Sur mon respect, du moins, milady peut compter.

LADY STRAFFORD.

Jamais aux grands talens je ne veux être hostile,
Car j'ai pour eux un culte: ainsi soyez tranquille.

MORTINS.

A lady Strafford.   A part.

Vous me rendez confus. On me traite si bien...
Parlons à cœur ouvert.

LADY STRAFFORD.

A part.   A Mortins.

Brisons la glace. Eh bien !
Quelqu'un m'a dit que moi, moi si peu redoutable,
Vous m'honoriez, monsieur, d'une haine implacable.

MORTINS.

Eh bien ! quelqu'un aussi m'a dit secrètement
Que je vous inspirais le même sentiment.

LADY STRAFFORD.

De mon côté, monsieur, rien n'est moins vrai.

MORTINS.

Madame,
On eût dit le contraire en lisant dans mon âme.

LADY STRAFFORD.

Je vous crois.

MORTINS.

Je combats ceux que vous combattez.

LADY STRAFFORD.

Et je déteste, moi, ceux que vous détestez

MORTINS.

Pour secouer leur joug j'exposerais ma vie.

LADY STRAFFORD.

Partager cette gloire est le sort que j'envie.

MORTINS.

Vous le pouvez.

LADY STRAFFORD.

Comment?

MORTINS.

Ils tombent.

LADY STRAFFORD.

Quand?

MORTINS.

Demain,
Si le nouveau lord-maire y veut prêter la main...

LADY STRAFFORD.

Il le faut.

MORTINS.

Ou consent qu'Édouard le remplace.

LADY STRAFFORD.

C'est mieux; après la crise ajournons son audace.

MORTINS.

Édouard, dans la lutte, entre nous deux pressé,
Par l'amitié, l'amour, par moi, par vous poussé,
Va droit à notre but sans que rien l'en écarte;
Mais il faut que milord croise les bras ou parte.

LADY STRAFFORD.

Pour qu'il n'agisse pas, que faire?

MORTINS.

Je le sais:
Proposons-lui d'agir.

LADY STRAFFORD, souriant.

Ah! vous le connaissez.
Il craint la guerre ouverte.

MORTINS.

Au mot peuple il se trouble.

LADY STRAFFORD.

Parlez, je vous soutiens.

ACTE III, SCÈNE V.

MORTIMS.

Frappez, et je redouble.

LADY STRAFFORD.

Que l'abîme à ses yeux s'ouvre s'il prend parti.

MORTIMS.

Qu'il tremble d'y tomber.

LADY STRAFFORD.

Qu'il s'y voie englouti.

MORTIMS.

Je n'épargnerai rien pour que la peur l'arrête.

LADY STRAFFORD.

Je lui ferai dresser les cheveux sur la tête.
Il vient, livrons l'assaut.

SCÈNE SIXIÈME.

LES PRÉCÉDENS, LORD DERBY.

LORD DERBY, à part, en entrant.

Mortins! J'arrive à temps.

MORTINS.

Pour vous féliciter, milord, je vous attends.

LORD DERBY.

J'ai triomphé, monsieur, grâce à votre assistance :
Ma joie est moindre encor que ma reconnaissance.

MORTINS, d'un air mystérieux.

Parlons bas.

LORD DERBY.

Pourquoi donc?

MORTINS.

Vous êtes notre espoir.

LADY STRAFFORD.

Vous allez accomplir un bien noble devoir.

MORTINS.

D'autant plus glorieux que le moment est grave.

LADY STRAFFORD.

Décisif.

MORTINS.

Mais est-il des dangers qu'on ne brave
Pour servir son pays?

LADY STRAFFORD.

Pour l'affranchir?

LORD DERBY.

Parlez :
Je ne me doute pas de ce que vous voulez.

MORTINS.

N'avez-vous pas promis de nous prêter main-forte?

LORD DERBY.

Si le but...

LADY STRAFFORD.

Il est grand ; pour les moyens, qu'importe ?

LORD DERBY.

Les moyens, cependant...

MORTINS.

Ils sont prêts : agissons.

LORD DERBY.

Mais la légalité...

LADY STRAFFORD.

Si nous la renversons,
C'est pour la rétablir.

LORD DERBY.

Madame !

MORTINS.

Une promesse
Vous lie à moi.

LORD DERBY.

Monsieur !

MORTINS.

Tenez-la.

LADY STRAFFORD.

Le temps presse :
Tout est réglé.

MORTINS.

Le lieu.

LADY STRAFFORD.

Le jour.

MORTINS.

Les instrumens.

LADY STRAFFORD.

Le chef qui conduira ces grands événemens.

LORD DERBY.

Sans qu'on m'en ait rien dit!

LADY STRAFFORD.

Vous allez tout connaître.

MORTINS.

Le lieu, c'est la Cité, dont vous êtes le maître.

LADY STRAFFORD.

Le jour pris, c'est demain.

MORTINS.

Les instrumens, c'est nous.

LADY STRAFFORD.

C'est le peuple.

LORD DERBY.

Le peuple !

MORTINS.

Enfin, le chef...

LORD DERBY.

Qui ?

LADY STRAFFORD et MORTINS.

Vous.

LORD DERBY.

Dieu ! vous m'auriez choisi !

MORTINS.

D'une voix unanime.

LADY STRAFFORD.

Pouvaient-ils mieux, milord, vous prouver leur estime?

LORD DERBY.

Certes, l'honneur est grand ; mais....

LADY STRAFFORD.

Vous l'accepterez?

MORTINS.

Vous l'acceptez.

LADY STRAFFORD, à Mortins.

Faut-il de l'or aux conjurés ?
Mon oncle y pourvoira par un bon sur la banque.

LORD DERBY.

Moi !

MORTINS.

Je dois à milord recourir si j'y manque,

LADY STRAFFORD, à Mortins.

Des armes ?

MORTINS.

Si milord peut nous en fournir...

LORD DERBY.

                                      Moi!
Où les prendre, monsieur?

LADY STRAFFORD.

                  Dans votre hôtel.

LORD DERBY.

                            Eh quoi!...

LADY STRAFFORD.

Il en est plein.

LORD DERBY.

Qu'entends-je?

LADY STRAFFORD.

                          Et c'est ma prévoyance
Qui, par des gens à vous, l'en a rempli d'avance.

MORTINS, étonné.

Comment, c'est vrai?

LADY STRAFFORD.

Très-vrai.

LORD DERBY.

Quelle audace!

MORTINS, à part.

Charmant!
Un vieux conspirateur n'eût pas fait autrement.

LORD DERBY.

Transformer mon hôtel en arsenal, madame!

LADY STRAFFORD.

Pour qu'un si beau succès fût l'œuvre d'une femme.

MORTINS.

Les armes à la main, milord, je vous suivrai.

LORD DERBY.

Mais si...

LADY STRAFFORD, à Mortins.

Venez ce soir, tout vous sera livré.

LORD DERBY.

Si par l'autorité la trame est découverte?

LADY STRAFFORD, froidement.

Eh bien?

MORTINS, de même.

Eh bien?

LORD DERBY, hors de lui.

Eh bien! c'est fait de nous.

LADY STRAFFORD.

Leur perte,
Ou la nôtre!

LORD DERBY.

Avant tout...

MORTINS.

Leur chute ou notre mort!

LORD DERBY.

Laissez-moi respirer.

MORTINS.

Il est trop tard, milord.

LADY STRAFFORD.

Y dussiez-vous périr, montrez-vous!

MORTINS.

Par prudence,
Ne mettons pas Lindsey dans notre confidence.
Le voici.

SCÈNE SEPTIÈME.

LES PRÉCÉDENS, ÉDOUARD.

ÉDOUARD, remettant un papier à Mortins.

Tiens, Mortins.
A lady Strafford.
Ah! milady, pardon.

LADY STRAFFORD.

Quel transport unanime éclate à votre nom!
Monsieur, c'est de l'ivresse : éloquent, admirable!
On n'entend que cela. Comme un concert semblable,
Tout bruyant qu'il était, nous a semblé fort doux,
Si nous arrivons tard, n'en accusez que vous.

ÉDOUARD.

Milord vient d'obtenir sa couronne civile;

Est-il heureux?

LORD DERBY.

Charmé.

ÉDOUARD.

Vous pourrez être utile;
Vous le désiriez tant!

LADY STRAFFORD.

Il le sera.

ÉDOUARD.

Je vien
De citer votre nom en le joignant au mien.

LORD DERBY.

Mon nom!

ÉDOUARD, montrant le papier que lit Mortins.

Dans cet écrit.

LORD DERBY.

Qu'est-ce donc?

ÉDOUARD.

J'ai dû faire,
Dans une adresse au peuple, une part au lord-maire.

LORD DERBY.

C'est une adresse...

LADY STRAFFORD.

Au peuple.

ÉDOUARD, à Mortins.

Est-ce à ton gré?

MORTINS.

Parfait
Et le nom de milord en doublera l'effet.
Je l'emporte.

LORD DERBY, l'arrêtant.

Songez...

LADY STRAFFORD.

Votre rôle commence.

LORD DERBY, à Mortins.

Que la publicité...

MORTINS.

Je vais la rendre immense.

A lady Strafford, en s'inclinant.

Madame...

Bas, à lord Derby.

Je serai chez milord à minuit.

LADY STRAFFORD.

Et vous l'y trouverez.

LORD DERBY, à part.

Si j'y passe la nuit.

Mortins sort par le fond.

SCÈNE HUITIÈME.

LES PRÉCÉDENS, excepté Mortins, SIR GILBERT, CAVERLY.

SIR GILBERT, à Caverly, en entrant avec lui par une porte latérale.

Cette nouvelle est sûre?

CAVERLY.

Eh oui! trop véritable.

SIR GILBERT.

Milady, mon cher lord, je suis inexcusable :
Je m'étais dans le port oublié loin d'ici
En rêvant à quelqu'un qui m'oubliait aussi ;
Mais les bruits alarmans et les tristes messages
Sont venus me chercher jusque sous mes ombrages.

CAVERLY.

Oui, les événemens ont fait bien du chemin.

SIR GILBERT.

La révolte s'avance; on tremble que demain
Londres ne soit en proie à la guerre civile.

ÉDOUARD.

Parlez!

SIR GILBERT.

Les insurgés sont entrés dans Carlile.

ÉDOUARD.

Le ministère aussi contre eux n'agissait pas.

CAVERLY.

Vous le liez si bien, qu'il ne peut faire un pas.

LADY STRAFFORD, bas à lord Derby.

Dans Carlile!

ACTE III, SCÈNE VIII.

LORD DERBY, de même, à lady Strafford.

Silence !

SIR GILBERT.

Et ce n'est rien encore :
On parle d'un complot.

ÉDOUARD.

D'un complot !

CAVERLY.

Près d'éclore ;
Dont le chef....

LORD DERBY, vivement.

Quel est-il ?

CAVERLY.

Je vous le donne en cent.

LADY STRAFFORD.

Vous, chevalier.

CAVERLY.

Non pas! non, je suis innocent; J'aime la vie.

ÉDOUARD.

Enfin?

LORD DERBY.

Qui donc?

CAVERLY.

Lady Montrose.

LORD DERBY, à part.

Dieu!

ÉDOUARD.

Toujours elle!

LADY STRAFFORD, indifféremment.

Ici peut-elle quelque chose? De si loin!

CAVERLY.

De fort près.

LORD DERBY.

Comment?

SIR GILBERT.

Sans contredit;
Car on la croit à Londre.

LORD DERBY.

Impossible!

CAVERLY.

On le dit.

LADY STRAFFORD, en riant.

Droit au palais Saint-Jame est-elle descendue?

LORD DERBY, à part.

Son sang-froid me confond.

CAVERLY.

Et je la tiens perdue

Si nous la découvrons.

ÉDOUARD.

Plus de ménagement !
On ne peut trop punir un tel aveuglement.

LADY STRAFFORD.

Vous êtes rigoureux.

ÉDOUARD.

La rigueur est justice
Pour celle qui préfère à l'ordre son caprice,
Aux lois la violence, en osant conspirer,
Un homme à son pays qu'elle vient déchirer.

LORD DERBY, bas, à lady Strafford.

Pour Dieu ! ne dites rien.

CAVERLY.

Par mille inquiétudes
De tant d'honnêtes gens trouble les habitudes,
Et fait que s'oubliant quand l'alarme est partout,
Il faut du bien public s'occuper avant tout.

LADY STRAFFORD.

Combattre pour sa cause est un droit dont elle use.

LORD DERBY.

Ne la défendez pas, milady.

LADY STRAFFORD.

Je l'excuse.
Sur un point politique où l'on n'est pas d'accord
Tout le monde a raison et tout le monde a tort :
Rebelle selon vous, elle vous croit rebelle ;
L'ordre qui vous convient est désordre pour elle.
Quel doit être son but? d'y mettre fin : comment?
Peut-elle, ainsi que vous, lutter au parlement?
Non ; en risquant sa tête elle apporte la guerre,
Et son courage, au moins, n'est pas d'un cœur vulgaire.

SIR GILBERT.

Quoi! vous l'approuvez?

LORD DERBY.

Nous!

LADY STRAFFORD.

Je suis femme, et je crois
De mon sexe opprimé devoir venger les droits.

CAVERLY.

Votre sexe est charmant; mais il perd tous ses charmes,
Quand pour nous égorger il prend nos propres armes.
L'héroïque lady le fait en ce moment:
Du peuple qu'elle agite on craint un mouvement;
Dans la Cité, milord, la tempête s'élève,
Et j'ai peur que sur vous le nuage ne crève.
Les ministres déjà vous ont fait demander;
On vous cherche.

LORD DERBY.

Moi?

CAVERLY.

Vous.

LORD DERBY.

Pourquoi?

CAVERLY.

       Pour vous sonder,
Vous consulter; que sais-je?

LORD DERBY.

      Alors, sans plus attendre,
Je cours à Londre.

CAVERLY.

Eh non!

LADY STRAFFORD.

      Je vais aussi m'y rendre.

LORD DERBY, bas, à lady Strafford.

Pour y prendre la poste.

LADY STRAFFORD, de même, à lord Derby.

      Et moi pour y rester.

ÉDOUARD.

Je vous quitte, mon père.

CAVERLY.

Un moment!

SIR GILBERT.

L'arrêter,
Quand la patrie en feu dans son danger l'appelle!
Vous faites bien, monsieur, de me quitter pour elle;
Je vous désavouerais d'hésiter entre nous.

CAVERLY.

Qu'il dîne au moins d'abord ; croyez-moi, dînons tous.
Ce qu'avant le dîner vous allez faire à Londre,
Vous le feriez après, et mieux, j'ose en répondre.
Quand l'État me réclame, à son aide je cours,
C'est-à-dire j'y vais; mais...

LADY STRAFFORD.

Vous dînez toujours.

UN DOMESTIQUE, en entrant.

Sir Gilbert est servi.

CAVERLY.

Ce mot-là vous arrête.

LORD DERBY.

Non pas.

LADY STRAFFORD.

Ni moi.

SIR GILBERT, à lord Derby.

Du cœur, milord, et de la tête.

LADY STRAFFORD.

Comptez sur lui.

ÉDOUARD, à lord Derby.

Je veux opposer avec vous
Ma voix à leurs clameurs, ma poitrine à leurs coups :
Marchons donc! que le flot nous couvre ou se retire,
Et la victoire à nous, milord, ou le martyre!

LORD DERBY, à sir Gilbert.

A revoir, baronnet.

SIR GILBERT, saluant lady Strafford.

Milady...

A son fils.

Demeurez.

A Caverly.

Pardon.

CAVERLY, qui suit le domestique.

Je vous devance.

SCÈNE NEUVIÈME.

SIR GILBERT, ÉDOUARD.

SIR GILBERT.

A Londre où vous courez,
Quel devoir vous attend, quel sort sera le vôtre?...
Ne nous séparons pas fâchés l'un contre l'autre :
Voilà ma main ; la tienne !

ÉDOUARD.

Ah ! je puis tout braver,
Tout vaincre.

SIR GILBERT.

Voici l'heure où tu dois le prouver.
J'espère en toi : pourtant tu faiblis, on t'entraîne ;

L'honneur est sauf encor, mais l'épreuve est prochaine.
Engagé trop avant, auras-tu le pouvoir
De t'arrêter tout court, si tu crois le devoir ;
Ou, souffrant qu'à son gré le mouvement t'emporte,
Aux révolutions r'ouvriras-tu la porte ?
La plus juste, fatale aux peuples comme aux rois,
N'est un droit que le jour où meurent tous les droits :
Faite pour les sauver, c'est un effort sublime
Dont on souffre longtemps ; faite sans cause, un crime.
Va donc, va, mon espoir : tiens ce que tu promets ;
Devant mes cheveux blancs ne te démens jamais.
Ton déshonneur, mon fils, plutôt tes funérailles !
Une moindre douleur remûrait mes entrailles,
Et mieux vaudrait pour moi pleurer en l'éprouvant
Mon fils mort, Édouard, que le pleurer vivant.

Édouard baise la main de son père, qui le suit des yeux avec
attendrissement quand il sort. La toile tombe

FIN DU TROISIÈME ACTE.

ACTE QUATRIÈME.

ACTE QUATRIÈME.

Chez Édouard Lindsey; même salon qu'au premier acte.

SCÈNE PREMIÈRE.

ÉDOUARD, WILLIAM, un secrétaire assis près de la table et écrivant, plusieurs domestiques.

ÉDOUARD, après avoir signé un papier que le secrétaire lui présente.

Pour qu'on prenne un parti l'alarme est assez vive,
Et j'attends, mais en vain, qu'un alderman arrive.
Êtes-vous sûr, William, qu'on les ait avertis ?

WILLIAM.

Ils étaient tous, monsieur, malades ou sortis.

ÉDOUARD, à un des domestiques.

Vous, retournez chez eux.

A un autre, en lui remettant un papier qu'il prend des mains de son secrétaire.

Vous, cet ordre aux constables.

A William. A part.

Vous, restez. Les mutins deviendront plus traitables
Si Thomas Goff leur parle.

Haut.

A-t-on vu de ma part
Thomas Goff et Mortins?

WILLIAM.

Ils viendront.

ÉDOUARD.

Qu'il est tard!
Dans la solennité dont la pompe s'apprête,
Au peuple, ce matin, il faudra tenir tête,
Aux ministres, ce soir: je n'ai rien préparé.
Que dire sur Névil?

Au secrétaire. A lui-même.

Laissez-moi. Je dirai....

ACTE IV, SCÈNE 1.

A William.

Pas un mot du lord-maire? Il n'est venu personne?

WILLIAM.

Personne encor, monsieur.

ÉDOUARD.

L'heure du danger sonne,
Et milord dans mes mains résigne ses pouvoirs :
On recherche les droits et l'on fuit les devoirs.
Je dirai...

A William.

Si l'on vient, ne faites pas attendre.

A lui-même.

Oui, cet exorde est bien; mais voudront-ils m'entendre!

Il s'assied près de la table et il écrit.

Qu'à me prêter main-forte Harrington soit tout prêt.

Donnant une lettre à William.

Au ministère, cours!

Le rappelant au moment où il sort.

Non; rends-moi ce billet!
Pour requérir l'emploi de la force publique,

14

Il faut que ce moyen soit ma ressource unique.
Sors!... Quel acte! dût-il sauver la liberté,
On dira que j'attente aux droits de la Cité;
Pas un whig furieux qui n'aboie ou ne morde.
Eh bien, je disais donc... Que me fait cet exorde?
Parler n'est rien, agir est le point important.
Pour un autre, après tout, faut-il hasarder tant ?...
Nelbroun m'eût épargné l'embarras qui m'accable;
Mais ce choix, qui l'a fait? moi; je suis seul coupable.
Ah! c'était une faute, et par l'événement
Je vois qu'on ne peut pas faillir impunément.

WILLIAM, qui rentre.

Monsieur Godwin!

ÉDOUARD.

Godwin! de lui je n'ai que faire;
Je n'y suis pas.

WILLIAM.

Il vient de la part du lord-maire.

ÉDOUARD, vivement.

Qu'il entre. Sur ma lettre on aura réfléchi,
Et d'un fardeau si lourd je vais être affranchi.

SCÈNE DEUXIÈME.

ÉDOUARD, GODWIN.

GODWIN.

Monsieur, depuis longtemps le bonheur où j'aspire
Est de me rapprocher d'un homme que j'admire.

ÉDOUARD.

Parlez; je suis, monsieur, prêt à vous écouter.

GODWIN

J'eus, dans plus d'un écrit, l'honneur de commenter
Les actes qui marquaient votre illustre carrière,
Et vous rendis toujours une justice entière.

ÉDOUARD.

Je vous en fais, monsieur, bien des remercîmens;
Mais, mettons à profit de précieux momens:
Milord...

GODWIN.

En quittant Londre...

ÉDOUARD.

Il est parti!

GODWIN.

Sans doute:
Du nord avant minuit il avait pris la route.

ÉDOUARD.

Quel moment choisit-il, monsieur, pour s'absenter!

GODWIN.

Un motif très-urgent, et je puis ajouter
Très-moral, l'appelait dans le fond d'une terre.

ÉDOUARD.

Quand sa présence importe au sort de l'Angleterre!

GODWIN.

Son honneur scrupuleux d'un doute est obsédé.

ÉDOUARD.

Sur quoi?

GODWIN.

Sur le serment.

ÉDOUARD.

Il était décidé.

GODWIN.

Eh bien, il ne l'est plus, monsieur : votre éloquence
A sur ce point, dit-il, troublé sa conscience.
Il ne refuse rien; mais avant d'accepter,
Quelques jours loin du bruit il veut se consulter.

ÉDOUARD.

Dites mieux : il s'enfuit, et le danger le chasse;
Ce qu'il n'ose pas faire, il veut que je le fasse.

GODWIN.

Bien que j'aie entrepris d'être son avocat,
Mon rôle, en insistant, devient trop délicat.
Si grands que soient ses torts envers moi qu'il délaisse,

Mon Dieu, je les excuse, et je plains sa faiblesse :
Ce que je trouve mal, c'est d'exposer celui
Dont la voix fit pencher l'opinion pour lui.
Je ne puis colorer d'une excuse passable
Son abandon subit qui vous rend responsable ;
Ma franchise y répugne, et je suis trop loyal
Pour ne pas répéter que c'est mal, et très-mal.
Je me bornerai là, venant sous ses auspices ;
Mais vous offrir, monsieur, ma plume et mes services...

ÉDOUARD.

A moi !

GODWIN.

C'est mon devoir ; tant je veux vous prouver
Que ce cœur tout anglais est loin de l'approuver.
Eh ! quel mérite obscur, quelle mince industrie
Ne doit pas, dans l'espoir de sauver la patrie,
Le tribut de son zèle au seul homme d'État
Dont nous puissions attendre un si grand résultat.
Dans quel sens donc, pour qui, contre qui dois-je écrire ?
Quoi que vous ordonniez, vous m'y verrez souscrire.
En me donnant à vous, c'est à la probité,
Au courage, au talent, c'est à la liberté,

Que vous allez servir, que milord abandonne,
C'est au pays enfin, monsieur, que je me donne.

ÉDOUARD.

D'un dévoûment si prompt j'ai lieu de m'étonner;
Que lui demandez-vous, monsieur, pour vous donner?

GODWIN.

Un noble prix.

ÉDOUARD.

Lequel?

GODWIN.

L'honneur de le défendre...

ÉDOUARD.

C'est tout?

GODWIN.

Au parlement.

ÉDOUARD.

Je commence à comprendre:

Oui, Névil, qui n'est plus, de deuil couvre nos bancs,
Et pour remplir ce vide...

GODWIN.

On m'a mis sur les rangs.

ÉDOUARD.

Mais qui donc?

GODWIN.

La Cité : parlez, et l'on me nomme.

ÉDOUARD.

Et vous voulez, monsieur, remplacer un tel homme!

GODWIN.

Lui succéder; hors vous, qui peut le remplacer?

ÉDOUARD.

Je ne crois pas encor devoir me prononcer.

GODWIN.

Monsieur, en m'appuyant, craint de se compromettre!

ÉDOUARD.

Non ; mais pour rester libre il ne faut rien promettre.

GODWIN.

Rester libre est un droit ; pourtant j'ai vu de près
Se mouvoir en tous sens bien des ressorts secrets,
Qui, mieux connus de vous après ma confidence,
Pourraient de mille écueils sauver votre prudence.

ÉDOUARD.

De vos conseils, monsieur, il faudra me passer,
Puisqu'il n'est pas en moi de les récompenser.

GODWIN.

Pardon, de me servir vous avez la puissance ;
Mais rien n'est moins commun que la reconnaissance.

ÉDOUARD.

En quoi donc, s'il vous plaît, suis-je votre obligé ?

GODWIN.

En rien.

ÉDOUARD.

Parlez.

GODWIN.

Le croire est un travers que j'ai.

ÉDOUARD.

Expliquez-vous, de grâce.

GODWIN.

Un droit que je m'arroge.

ÉDOUARD.

Enfin !

GODWIN.

Vous supposez que l'on vous doit l'éloge.

ÉDOUARD.

A tout homme public on doit la vérité ;
Partant, l'éloge aussi, quand il l'a mérité.

GODWIN.

Lorsque de favorable elle devient contraire,
Ce que la presse a fait elle peut le défaire.

ÉDOUARD.

On la juge à son tour, et, favorable ou non,
Son arrêt n'a de poids qu'autant qu'elle a raison.

GODWIN.

Si haut qu'on soit placé, vous atteindre est possible.

ÉDOUARD.

La main d'où part le coup peut y rendre insensible.

GODWIN.

Souvent qui l'est pour soi ne l'est pas pour autrui ;
Votre père...

ÉDOUARD.

Arrêtez : pas un seul mot sur lui,
Pas un !

GODWIN.

Ah! j'ai touché le côté vulnérable.

ÉDOUARD.

Honneur à soixante ans d'une vie honorable!

GODWIN.

Monsieur, vous êtes libre, et je dois l'être aussi.

ÉDOUARD.

Dans votre feuille, soit, monsieur; mais pas ici.

GODWIN.

La guerre donc, monsieur!

ÉDOUARD.

Eh bien, monsieur, la guerre!

GODWIN.

Sûr de l'opinion, vous ne me craignez guère;
Vous dédaignez la presse, et vous avez grand tort.

ÉDOUARD.

Vous vous trompez, monsieur, je la respecte fort;
Une atteinte à ses droits me semblerait un crime,
Et je la défendrais, fussé-je sa victime.
Mais qui donc êtes-vous pour parler en son nom?
N'a-t-elle qu'une voix? Est-ce la vôtre? Non.
Nul n'est à lui tout seul la presse tout entière :
A la discussion s'il ne donnait matière,
Son arrêt sans appel, qu'un seul aurait porté,
Serait la tyrannie et non la liberté;
Contre elle et contre tous, notre garant, c'est elle.
D'une lutte incessante elle sort immortelle,
En opposant toujours la justice au faux droit,
Et le fait qu'on doit croire au bruit menteur qu'on croit,
Les noms dont elle est fière à ceux dont elle a honte;
Noms purs, nobles talens, c'est sur eux que je compte!
J'ai foi dans leur puissance et j'en bénis l'emploi;
Car le bien est son but, la vérité sa loi.
Ce sont là les soutiens de la presse équitable,
Ceux qui par leurs travaux la rendent respectable,
Convaincus qu'à nos yeux pour la représenter
Le premier des devoirs est de se respecter.

Quant à vous, sur ma vie accumulez l'injure ;
Critiquez, censurez, déchirez : je vous jure
Que, fidèle à ma route, on ne me verra pas,
Pour vous répondre un mot, me détourner d'un pas.
Il faut bien en courant soulever la poussière :
Faites votre métier, je poursuis ma carrière !

GODWIN.

Adieu, monsieur !

ÉDOUARD.

Adieu !

SCÈNE TROISIÈME.

ÉDOUARD, puis CAVERLY.

ÉDOUARD.

Comme il va me traiter !
J'en ai trop dit... Eh non ! que puis-je redouter ?
S'attaquer à mon père ! il est fou s'il le tente.
Thomas Goff ne vient pas... insupportable attente !
Que fait-il donc ?

CAVERLY, entrant.

Mon cher, tout s'en va.

ÉDOUARD.

Quel effroi !
Le cabinet s'en va, mais rien de plus.

CAVERLY.

Ma foi,
Je n'en répondrais pas.

ÉDOUARD.

Qu'un ministre culbute,
Il doit tout, à l'en croire, emporter dans sa chute.

CAVERLY.

Mais s'il emportait tout, j'en serais : donc je crains;
Car un roi me va mieux que mille souverains.
C'est ce que nous aurions, et plus encor peut-être,
Si nous avions demain tous ceux qui veulent l'être:
Voilà comme le peuple entend la liberté.

ÉDOUARD.

Et comme le pouvoir l'entend de son côté.

CAVERLY.

Oh! la sienne a pour base un ordre confortable
Qui défend ma maison, ma voiture, ma table:
Et la patrie est là. Je vous vois rire; eh bien!
Pour aimer la patrie il faut s'y trouver bien.

J'en conclus que ce mot dans deux sens doit s'entendre:
Quand on a, conserver; et quand on n'a pas, prendre.
Or, puisque nous avons, au moins défendons-nous :
Votre intérêt le veut; nous submergés, c'est vous
Qui serez englouti, si le torrent déborde.
Il faut le contenir; on le peut : qu'on s'accorde.
Je pense qu'Harrington agira sagement
S'il fait un pas vers vous pour un arrangement.

ÉDOUARD.

Je dois sa chute au peuple; un homme est un système.

CAVERLY.

Un homme peut changer.

EDOUARD.

Qu'il tombe, et de moi-même
Je lui tendrai la main.

CAVERLY.

C'est pour ne pas tomber
Qu'il vous la tendrait, lui.

ÉDOUARD.

Craint-il de succomber,

Il est, n'en doutez pas, grand temps qu'il se retire.

CAVERLY.

Avec ce moyen-là tout ministre s'en tire :
C'est un moyen connu, mais fâcheux.

ÉDOUARD.

Quant à moi,
Sous le scrutin, ce soir, j'anéantis sa loi.

CAVERLY.

Si vous devez parler, je le crois bien malade.

ÉDOUARD.

Vous a-t-il, par hasard, chargé d'une ambassade?

CAVERLY.

D'une ambassade, lui! je l'aurais bien reçu!
Je viens en amateur... Mais d'où diable a-t-il su
Que votre don vous cause un embarras pénible?

ÉDOUARD.

Il le sait?

CAVERLY.

Il s'y montre infiniment sensible,
Et même il emploîrait, pour vous tirer de là,
Pour faire face à tout, les ressources qu'il a.

ÉDOUARD.

S'est-il permis, monsieur, d'expliquer ce langage?

CAVERLY.

Il se fût bien gardé d'en dire davantage...

ÉDOUARD.

Bien!

CAVERLY.

J'éclatais.

ÉDOUARD.

Très-bien!

CAVERLY.

Et, changeant de discours,
Il a paru sentir combien votre concours,

En l'aidant à porter le poids du ministère,
Serait, dans le conseil, utile à l'Angleterre.

ÉDOUARD.

Je tiendrais pour affront qu'il osât m'en parler ;
Et quand il vous l'a dit...

CAVERLY.

J'ai voulu m'en aller.

EDOUARD.

Fi donc !

CAVERLY.

Je m'en allais. Alors sa seigneurie,
Qui me veut un grand bien, et sait que la pairie
Sous ce double rapport m'a toujours beaucoup plu,
Qu'on est législateur et qu'on n'est pas élu,
M'en a touché deux mots,

ÉDOUARD.

Et vous vous laissez faire !

CAVERLY.

La couronne de duc, un siége héréditaire

Où l'on ne dépend plus du peuple ni du roi,
Où, se représentant, on relève de soi;
Rang, pouvoir, liberté, la noble récompense!...
Pour Lindsey, m'a-t-il dit, c'est à quoi le roi pense.

ÉDOUARD.

Et quand il m'a nommé, vous...

CAVERLY.

Je l'ai laissé là
En lui tournant le dos, mon cher, et me voilà.

ÉDOUARD.

Où la corruption est-elle parvenue!
Tous mes actes sont purs et ma vie est connue :
Deux hommes, ce matin, viennent me visiter,
L'un pour se vendre à moi, l'autre pour m'acheter.

CAVERLY.

Mon honorable ami, qu'est-ce que cela prouve?
L'entraînement forcé que pour vous on éprouve;
Tout le monde vous aime, ou vous craint : je conçoi
Qu'on désire être à vous ou vous avoir à soi.

Grand, petit, faible, fort, chacun cherche à vous plaire,
Chacun offre un tribut à l'astre populaire
Dont l'éclat le remplit d'espoir ou de stupeur,
Et dont la queue, à moi, me fait surtout grand'peur.
Comment doit-il traiter la sphère que j'habite?
Rouvrirez-vous pour nous le gouffre jacobite?

ÉDOUARD.

Non.

CAVERLY.

Souleverez-vous l'océan plébéien?

ÉDOUARD.

Pas plus.

CAVERLY.

Moins, s'il vous plaît; pas du tout : ce moyen
Est mon épouvantail; par goût, par habitude,
Je ne peux pas frayer avec la multitude.
Je suis civilisé jusqu'au raffinement :
Plutôt Jacque et les siens, qu'un bouleversement
Qui nous ramènerait au gland pour nourriture !
C'est mon horreur, à moi, que l'état de nature.

ÉDOUARD.

Écoutez, chevalier, vous direz à celui
Qui, par ambassadeur, marchande mon appui,
Que je veux, pour répondre à l'offre qu'il m'a faite,
Au parlement, ce soir, consommer sa défaite.
Quant à la multitude, et je pense avec vous
Que ses façons d'agir pourraient heurter vos goûts,
Je dois, comme alderman, lui résister en face...

CAVERLY.

Vous me faites du bien.

ÉDOUARD.

Et j'en aurai l'audace,
Dussé-je de la force autoriser l'emploi :
Mais pour les contenir il suffira de moi.
J'en réponds ; je suis sûr de leur obéissance,

Voyant entrer Mortins et Thomas Goff.

Et je vais vous montrer jusqu'où va ma puissance.

SCÈNE QUATRIÈME.

LES PRÉCÉDENS, MORTINS, THOMAS GOFF.

ÉDOUARD.

Arrivez donc, messieurs!

MORTINS.

Que veux-tu?

THOMAS GOFF.

Nous voici!

MORTINS, saluant Caverly.

Ah! c'est vous!

CAVERLY.

Toujours moi.

ÉDOUARD.

Vous deviez être ici
Depuis une heure et plus.

MORTINS.

Chacun a ses affaires.

THOMAS GOFF.

Et les nôtres, vrai Dieu! ne sont pas ordinaires.

ÉDOUARD.

Je le sais.

THOMAS GOFF.

Le fer chauffe, et tout va rondement.

ÉDOUARD.

J'ai besoin, mon ami, de votre dévoûment.

THOMAS GOFF.

Pour vous, mon orateur, que faut-il entreprendre?
Montrant Caverly, qui s'est assis.
Je cours... Mais ce monsieur n'ira-t-il pas nous vendre?

CAVERLY, à part.

Oh ! je ne lui plais pas.

ÉDOUARD.

Il peut nous écouter.

MORTINS, qui s'assied de l'autre côté de la scène.

Je vais en faire autant.

THOMAS GOFF.

Ma foi, s'il veut rester,
Qu'il reste : je n'ai peur de lui ni de personne.

ÉDOUARD.

Vous aimez le pays ?

THOMAS GOFF.

La question est bonne.

ÉDOUARD.

Le peuple ?

THOMAS GOFF.

Tiens ! c'est moi.

ÉDOUARD.

Vous et quelques amis...

THOMAS GOFF.

Ce n'est pas moi tout seul.

ÉDOUARD.

A vos ordres soumis.

THOMAS GOFF.

En jurant par mon nom ils jurent par le vôtre.

ÉDOUARD.

Ainsi, même intérêt, même but est le nôtre?

THOMAS GOFF.

Bien dit!

ÉDOUARD.

Ce que je veux, vous le voulez?

THOMAS GOFF.

D'accord.

ÉDOUARD.

Je puis compter sur vous?

THOMAS GOFF.

Certe.

ÉDOUARD.

Et sur eux?

THOMAS GOFF.

Très-fort.

ÉDOUARD.

Vous suivrez mon conseil?

THOMAS GOFF.

C'est un ordre.

ÉDOUARD.

A la lettre?

THOMAS GOFF.

Oui.

ACTE IV, SCÈNE IV.

ÉDOUARD.

Sans hésiter?

THOMAS GOFF.

Oui.

ÉDOUARD.

Dût-il vous compromettre?

THOMAS GOFF.

Cent fois oui.

ÉDOUARD, lui serrant la main.

Mon cher Goff, je suis reconnaissant.

CAVERLY, à part.

Ah! voilà qui vous met du baume dans le sang.

MORTINS, de même.

Où veut-il en venir?

ÉDOUARD, à Thomas Goff.

Soyez donc assez sage

Pour revoir vos amis et détourner l'orage.

THOMAS GOFF.

Non.

ÉDOUARD.

Mais...

THOMAS GOFF.

Non pas.

ÉDOUARD.

Comment ?

THOMAS GOFF.

Non ; je n'en ferai rien.

ÉDOUARD.

Le faire est d'un brave homme et d'un bon citoyen.

THOMAS GOFF.

Non.

ÉDOUARD.

Il faut prévenir des désordres coupables.

THOMAS GOFF.

Eh non!

ÉDOUARD.

Vous le devez.

THOMAS GOFF.

Non, de par tous les diables!

CAVERLY, à part.

Je l'aurais parié.

MORTINS, de même.

C'est sur quoi je comptais.

ÉDOUARD, à Thomas Goff.

Ne m'avez-vous pas dit...

THOMAS GOFF.

Qu'à vos ordres j'étais.

ÉDOUARD.

Alors ?...

THOMAS GOFF.

Si vous vouliez ce que je veux moi-même.

ÉDOUARD.

Je le veux, mon cher Goff.

THOMAS GOFF.

Mais vous changez de thême.

ÉDOUARD.

En quoi?

THOMAS GOFF.

Vous m'engagez à trahir le pays.

ÉDOUARD.

Le puis-je?

THOMAS GOFF.

Ils criront tous, morbleu! que je trahis.

ÉDOUARD.

Vous êtes éloquent; vous leur ferez comprendre...

THOMAS GOFF.

Ils le criront si fort qu'on ne pourra m'entendre.

ÉDOUARD.

Mais puisqu'ils sont toujours de votre sentiment.

THOMAS GOFF.

Bon ! quand je dis comme eux ; que je dise autrement,
Le feu prend à la poudre, et je suis sur la mine.
Non, non ; si je le fais, que le ciel m'extermine !

ÉDOUARD.

Aide-moi donc, Mortins, à le persuader.

MORTINS, qui se lève.

Dans cette œuvre, Édouard, je ne peux pas t'aider.
De son patriotisme il t'a donné la preuve ;
Cesse de l'éprouver.

THOMAS GOFF.

Ah ! c'était une épreuve.

ÉDOUARD.

Gardez-vous de le croire.

THOMAS GOFF.

Aussi j'ai tenu bon.

ÉDOUARD.

Rien n'est plus sérieux.

THOMAS GOFF.

Vous parliez sur ce ton,

Montrant Caverly.
A cause de monsieur.

CAVERLY.

De moi!

THOMAS GOFF.

Dans la bagarre,
S'il tombe sous ma main, je ne dirai pas : gare!
C'est moi qui l'en préviens.

CAVERLY.

Je lui déplais.

ÉDOUARD.

Mais moi,

Je prétends qu'à tout prix force reste à la loi.

THOMAS GOFF.

Bien joué : les grands mots, comme dans votre adresse !

ÉDOUARD.

Par là qu'entendez-vous ?

THOMAS GOFF.

Le calme et la sagesse !

ÉDOUARD.

Eh bien ?

THOMAS GOFF.

Pour nous pousser et n'en pas avoir l'air.

ÉDOUARD.

Qui vous a dit cela ?

THOMAS GOFF

Quelqu'un qui voit très-clair.

ÉDOUARD.

Erreur !

THOMAS GOFF.

Nous comprenons.

ÉDOUARD.

Mais c'est faux !

THOMAS GOFF.

Bouche close;
Il suffit pour agir qu'on ait compris la chose.

ÉDOUARD.

Je vous dis que c'est faux : on a de mon écrit
Faussé l'intention, dénaturé l'esprit.
Croyez-moi, mon cher Goff, et soyez raisonnable ;
Ne changez pas en crime une erreur pardonnable.
Vous, riche industriel, aimé, considéré,
Céder aux passions où je vous vois livré,
C'est comme citoyen manquer de caractère,
Et manquer de bon sens comme propriétaire.

THOMAS GOFF.

Oh! mes propriétés, on les respectera ;
Quant à celles d'autrui, s'en mêle qui voudra.

Les intérêts privés ne sont pas mon affaire :
Je suis homme public. Laissez, laissez-nous faire;
Nous vous laisserons dire : ainsi donnez-nous tort,
Et plus vous crirez haut, plus nous frapperons fort.
Ministres, lords, shérifs et toute la séquelle,

Se retournant vers Caverly.

Ses suppôts, ses impôts, et monsieur avec elle,
A bas!

CAVERLY, a part.

Décidément je lui déplais beaucoup.

THOMAS GOFF.

A bas les Harrington! criblés, encor un coup,
Démâtés, nivelés comme un vaisseau qu'on rase!
S'il en reste un sur l'eau, que la foudre m'écrase!
A l'œuvre de ce pas je vais mettre la main.

EDOUARD.

Arrêtez!

THOMAS GOFF.

Voulez-vous qu'on s'arrête en chemin,
C'est aisé : qu'Harrington, traité comme il doit l'être,.

Du ministère enfin sorte... par la fenêtre.
Vous, entrez par la porte ouverte à deux battans;
Entrez, soyez ministre, et sur l'heure, et longtemps :
Sinon, pour vivre en paix sous un pouvoir que j'aime,
Je me fais, ventrebleu! gouvernement moi-même.
De la cave au grenier, de la ville aux faubourgs,
Retournant le pays, je mets tout à rebours ;
Et, quand j'aurai par là rétabli l'équilibre,
Vivent l'ordre, les lois, et vive un peuple libre !
Adieu !

SCÈNE CINQUIÈME.

LES PRÉCÉDENS, excepté THOMAS GOFF.

ÉDOUARD, à Mortins.

Mais quel remède?

MORTINS.

En chassant Harrington, Sois ministre.

ÉDOUARD.

Tu veux...

CAVERLY, qui se lève avec vivacité.

Ils ont tous deux raison; Soyez ministre.

MORTINS.

Eh quoi ! vous plaidez notre cause!

CAVERLY.

La mienne.

ÉDOUARD.

Quand le peuple à vos amis m'oppose,
Quand l'ordre, selon vous, n'a qu'eux seuls pour appui !

CAVERLY, s'exaltant par degrés.

Ils étaient l'ordre hier, vous l'êtes aujourd'hui:
Que feraient-ils enfin du pouvoir qu'on leur ôte?
Je les plains; je dirai que ce n'est pas leur faute,
Que personne, après tout, ne s'en fût mieux tiré;
Je m'écrirai chez eux, même je les verrai;
Jamais je ne trahis un ami politique.
Mais ce n'est plus le cas d'être systématique :
Formez un cabinet; cherchez, prenez partout,
Qui vous voudrez, pas moi, je n'y tiens pas du tout :
Et sur le bill, ce soir, pour Dieu! faites main basse.
Rejeté ! rejeté ! point de salut s'il passe !
Je vous promets les voix dont je puis disposer;

Mais c'est ce cabinet qu'il faudrait composer :
Cherchez donc, et trouvez, pour calmer la tempête,
Une combinaison qu'on leur jette à la tête.

MORTINS.

Comme vous prenez feu !

CAVERLY.

Je prends feu ! je prends feu !
J'ai parbleu bien raison ; ceci n'est plus un jeu :
Discorde au parlement, révolte à la frontière,
Émeute dans la rue ! On a, je crois, matière
D'appréhender l'instinct purement animal
De cette multitude avec qui je suis mal.
C'est par pressentiment que je vous parlais d'elle.
Comment donc ! mais sa rage est presque personnelle:
Je ne sais pas pourquoi cet homme m'en veut tant;
Le fait est qu'il m'en veut. Profitez de l'instant :
De grâce, un ministère ! en lui j'ai confiance;
Je ne le connais pas, je le soutiens d'avance;
Par le trône et la Chambre il est d'avance admis.
Je me rends à Saint-Jame et cours chez mes amis;
Je pars; ils me croiront : le danger rend docile.
Moi-même, à remuer je ne suis pas facile;

Eh bien ! en voyant tout perdu, désespéré,
Par modération je suis.... immodéré;
Et quand ce sont nos biens, nos jours, qu'on veut nous pren(
Un homme indifférent me semble un homme à pendre!

SCÈNE SIXIÈME.

ÉDOUARD, MORTINS.

MORTINS.

De tous les dévoûmens, le plus chaud c'est celui
Que montre un égoïste épouvanté pour lui.
La chute qu'il craignait, Caverly la décide ;
Le ministère enfin périt par un suicide.

ÉDOUARD.

Dans quel moment, Mortins !

MORTINS.

Qu'importe ? il est à bas.

ÉDOUARD.

Lui seul !

MORTINS.

Qu'importe encor?

ÉDOUARD.

Beaucoup, car ce n'est pas
Un ministère seul que tu prends à partie,
Que tu veux culbuter; c'est une dynastie.

MORTINS.

Eh bien, s'il était vrai?

ÉDOUARD.

Tu le veux donc? sois franc.

MORTINS.

Tu le voudras aussi, car mon projet est grand.

ÉDOUARD.

Je le trouve insensé.

MORTINS.

Faute de le connaître.

ÉDOUARD.

Il déchaîne le peuple.

MORTINS.

Il t'affranchit d'un maître !

ÉDOUARD.

En ai-je un, quand ce maître est sujet, comme moi,
Du seul pouvoir humain qui régit tout : la loi ?

MORTINS.

Que tout dans le néant rentre donc devant elle !

ÉDOUARD.

Alors courbe la tête, ou tu n'es qu'un rebelle.

MORTINS.

Un rebelle, dis-tu !.. sainte rébellion !
C'est pour le peuple anglais le réveil du lion :
Ce John-Bull tant raillé, si longtemps débonnaire,
Prend sa chaîne à deux mains, frappe, se régénère,
Règne et remonte au rang que le ciel lui donna.
Que lui faut-il ? du cœur, des armes ! Il en a.

Le mouvement éclate après les funérailles ;
Londre, en fureur, se lève au signal des batailles.
Si l'armée un moment comprime notre effort,
La Cité, grâce à toi, devient pour nous un fort.
De l'insurrection le volcan s'y concentre ;
Il tonne, et la terreur en partant de ce centre
Pour combattre avec toi vient envahir vos bancs,
Des soldats ébranlés va décimer les rangs.
Qu'il sorte de ta bouche un cri de déchéance,
L'armée est peuple ; et, fier de cette indépendance
Que lui rend tout à coup ton cri libérateur,
L'État proclame en toi son nouveau Protecteur !

ÉDOUARD.

Son Cromwell !

MORTINS.

Ce Cromwell voudra la république.

ÉDOUARD.

Qui t'en répond, Mortins ?

MORTINS.

Ton dévoûment civique,
Ta vertu.

ÉDOUARD.

Quel garant pour le peuple et pour toi,
Quand je l'aurai trahie en violant ma foi!

MORTINS.

Qui peut te condamner, si par ton éloquence
Ton pays délivré t'absout?

ÉDOUARD.

     Ma conscience.

MORTINS.

Faux scrupule d'honneur que tu dois mépriser!

ÉDOUARD.

Sentiment du devoir, trop vrai pour m'abuser!

MORTINS.

Ta gloire est de le vaincre.

ÉDOUARD.

     Elle en serait flétrie.

MORTINS.

Pense à la liberté.

ÉDOUARD.

Je pense à la patrie.
Où va-t-elle avec toi ?

MORTINS.

Combattre et renverser.

ÉDOUARD.

Mais ce que tu détruis, comment le remplacer ?

MORTINS.

Par nous.

ÉDOUARD.

Veut-on de nous ? J'admets que tu l'emportes :
Tu chasses les Brunswick ; mais les Stuarts sont aux portes.

MORTINS.

Tout un peuple debout sur le seuil les attend.

ÉDOUARD.

Ce peuple divisé peut succomber pourtant.
Alors qu'aurons-nous fait, que ravir au royaume
Les droits qu'il a conquis en couronnant Guillaume?
Si le sort est pour nous, quel avis fera loi?
Est-ce le mien, Mortins? Tu vas plus loin que moi;
Le tien? Mais Thomas Goff va plus loin que toi-même;
D'autres plus loin, sans doute, et d'extrême en extrême,
Rien n'arrêtera plus ton lion déchaîné.
Ou vaincus ou vainqueurs, qu'aurons-nous amené
Pour l'Angleterre en deuil par le meurtre affranchie?
Vaincus, le despotisme, et vainqueurs, l'anarchie.

MORTINS.

Tu la domineras.

EDOUARD.

C'est en la terrassant.

MORTINS.

Encor une victoire!

ÉDOUARD.

Encor des flots de sang!

MORTINS.

Mais l'ordre!

ÉDOUARD.

Le chaos!

MORTINS.

Que ton souffle féconde:
Va donc pour le chaos, et qu'il en sorte un monde!

ÉDOUARD.

Ce monde, il est créé. Rends-le meilleur, plus pur;
Ne détruis pas, corrige; et quand il sera mûr
Pour des destins plus beaux et pour des droits plus larges,
Sa raison le fera, ce bien dont tu te charges.
Mais comment l'accomplir, Mortins, par la terreur?
Imposer la raison, c'est révolter l'erreur.
Tu veux fonder, dis-tu, des lois républicaines;
Et sur quoi? sur des mœurs: où sont nos mœurs romaines?
Tel qui fronde un abus s'engraisse d'un plus grand;

Le suffrage avili s'achète à prix courant ;
En gloire l'infamie avec de l'or se change :
Qui bâtit là-dessus bâtit sur de la fange.
Corrigeons donc les mœurs pour réformer les lois ;
En créant des vertus nous enfantons des droits,
Nous hâtons du progrès la marche irrésistible ;
Et si gouvernement fut jamais perfectible,
C'est le nôtre : avançons, il avance avec nous ;
Au mouvement forcé, seul il offre entre tous
Liberté sans désordre, ordre sans tyrannie ;
Sans secousse, progrès dans sa course infinie.
Il nous suivra ; marchons, le flambeau dans les mains,
Et pour les affranchir éclairons les humains.
C'est notre mission, c'est notre œuvre première ;
C'est tout : la liberté, Mortins, c'est la lumière !

MORTINS.

C'est la force au besoin ; elle épargne le temps,
Et fait en un seul jour l'ouvrage de cent ans.
Veux-tu t'associer au grand coup que je tente,
Et servir tes amis ou tromper leur attente ?

ÉDOUARD.

Plutôt que de trahir la foi de mon serment,

J'oserais pour la loi voter au parlement.

MORTINS.

Toi !

ÉDOUARD.

Je la défendrais au lieu de la combattre ;
Et je puis relever ce que j'allais abattre.

MORTINS.

Qui, toi ?...

ÉDOUARD

Si la Cité du trouble est le foyer,
L'armée à mon appel viendra la balayer.

MORTINS.

Tu signerais cet ordre !

ÉDOUARD.

Il est signé.

MORTINS.

J'en doute.

EDOUARD, lui montrant la lettre qui est restée sur la table.

Le voici.

MORTINS.

L'envoyer, tu n'oserais !

EDOUARD.

Écoute:
Il part, si tu ne veux abjurer ton dessein.

MORTINS.

Mais de la liberté tu seras l'assassin !

EDOUARD.

Le sauveur !

MORTINS.

A la force ouvrir ce sanctuaire,
C'est crime d'y penser.

EDOUARD.

C'est vertu de le faire.

MORTINS.

Crime qui te perdra : par les tiens rejeté,
Tu vas frapper au cœur ta popularité;
Elle expire du coup pour ne jamais renaître.
Tu n'es à tous les yeux qu'un renégat, qu'un traître.
Plus on t'a porté haut plus tu redescends bas ;
Contre l'opinion en vain tu te débats :
Elle va s'exalter jusqu'à la frénésie,
Et t'enterrer vivant sous ton apostasie.
Tu n'as plus dans la lutte un ami pour soutien,
Et l'honneur de ton père y meurt avant le tien.

ÉDOUARD.

Que me dis-tu ?

MORTINS.

Godwin de le ternir est maître.

ÉDOUARD.

N'en crois rien.

MORTINS.

Dans sa feuille un écrit doit paraitre,

Écrit que j'ai sur moi, que j'aurais déchiré,
S'il ne me l'eût remis comme un dépôt sacré...

ÉDOUARD.

En m'effrayant, Mortins, je sais ce qu'il espère.

MORTINS.

Cette lettre, te dis-je, elle accable ton père :
Elle prouve...

EDOUARD.

Quoi donc?

MORTINS.

Son honneur est perdu
Si...

ÉDOUARD.

Mais que prouve-t-elle enfin?

MORTINS.

Qu'il s'est vendu.

EDOUARD.

C'est un faux!

MORTINS.

La voilà : songe, avant de la prendre,
Que ce soir à Godwin j'ai juré de la rendre.

ÉDOUARD.

Je m'en souviendrai.

MORTINS.

Lis.

ÉDOUARD, après avoir jeté les yeux sur l'écriture.

C'est sa main.

« *A sir Robert Walpole, premier lord de la Trésorerie.*

« MILORD,

« J'attends, pour agir, les cinquante mille livres ster-
« ling : qu'on me les remette aujourd'hui même, et regar-
« dez-moi dans cette circonstance comme entièrement à
« votre disposition. Vous sentez combien il nous importe à
« tous deux que cet envoi reste secret.

GILBERT LINDSEY. »

C'est sa main.

ACTE IV, SCÈNE VI.

MORTINS.

Il a pour le pouvoir voté le lendemain.

EDOUARD, après une pause.

Eh bien, puisqu'il l'a fait, il le devait sans doute !

MORTINS.

Mais tu n'as donc pas lu?

EDOUARD.

Qui ? mon père !...

MORTINS.

Il m'en coûte
De paraître à tes yeux abuser d'un secret
Que je t'ai révélé dans ton propre intérêt.
Possesseur de l'écrit je le mettrais en cendre ;
Lui va s'en faire une arme ; et quand? comment défendre
Ton père diffamé que sa plume flétrit,
Si, renié par tous, tu n'es plus qu'un proscrit.
Mais sa plume, veux-tu qu'il la brise de rage?
Marche avec nous, triomphe, achève ton ouvrage :
Deviens chef de l'État ; sois le nôtre et le sien :

Bâillonné par la peur, Godwin n'ose plus rien.

ÉDOUARD.

Ah ! laisse-moi.

MORTINS.

La peur le condamne à se taire ;
Mais que puis-je tenter si tu nous es contraire ?
Et pour un faux honneur qu'aux pieds tu dois fouler,
Malheureux ! l'honneur vrai, tu le vas immoler.
Crains-tu, si ta présence au convoi l'autorise,
D'être connu trop tôt pour chef de l'entreprise.
N'y viens pas ; n'agis pas ; mais laisse-nous agir.
Tu n'as rien su : de rien tu n'auras à rougir.
N'y viens pas ; à nos yeux ton absence est la preuve
De ton concours secret, et nous risquons l'épreuve
Tout réussit alors. Édouard, mon ami,
Nos deux cœurs si longtemps pour la gloire ont frémi
D'un même élan d'amour et d'une ardeur égale ;
Ne nous séparons pas à cette heure fatale.
Non, par la noble vie à qui tu vas faillir,
Par la fraternité qu'il te faudrait trahir,
Par l'avenir sans borne ouvert à ton génie,

Non, tu ne peux combattre avec la tyrannie ;
Ton bras ne peut s'armer pour repousser le mien ;
Non, sois ami, sois fils, et reste citoyen.

EDOUARD.

Assez !

MORTINS.

Tu dois me croire, écoute et crois ton frère ;
Épargne l'infamie aux vieux jours de ton père.

EDOUARD.

Mais perdre mon pays en parjurant ma foi !

Apercevant lady Strafford.

Va-t'en, Mortins !..... Que vois-je ?

SCÈNE SEPTIÈME.

LES PRÉCÉDENS, LADY STRAFFORD.

LADY STRAFFORD, à Édouard.

Oui, chez vous; moi! c'est moi! Un asile, Édouard !

ÉDOUARD.

Le peuple vous menace?

LADY STRAFFORD.

Le pouvoir.

ÉDOUARD.

Vous, madame !

LADY STRAFFORD.

On a perdu ma trace :

Tombant assise.

Je respire, du moins.

ÉDOUARD.

Ne craignez rien ici ;
Vous êtes sous ma garde.

MORTINS.

Et sous la mienne aussi.

EDOUARD.

Harrington, milady, dans le jour va me rendre
Raison d'un attentat que je ne puis comprendre.

LADY STRAFFORD, qui se lève.

Demandez-lui raison, non pour moi, mais pour tous.

MORTINS.

J'y vais !

ÉDOUARD.

Reste, Mortins.

LADY STRAFFORD.

Courez.

ÉDOUARD.

Que dites-vous!

MORTINS, à Édouard.

Le convoi va bientôt passer sous ta fenêtre :
Pour que je puisse agir, garde-toi d'y paraître;
Mais fais-nous un rempart des droits de la Cité,
Et pousse au parlement le cri de liberté.
C'est ton devoir; je cours où le mien me réclame.

SCÈNE HUITIÈME.

ÉDOUARD, LADY STRAFFORD.

ÉDOUARD.

Et vous encouragez ses projets !

LADY STRAFFORD.

J'en suis l'âme.

ÉDOUARD.

Où va-t-il cependant ? lui même n'en sait rien.

LADY STRAFFORD.

S'il n'atteint pas son but, il me conduit au mien.

ÉDOUARD.

Sans vouloir ce qu'il veut, vous le poussez au crime!

LADY STRAFFORD.

En est-ce un de briser le sceptre qui m'opprime?

ÉDOUARD.

A son bras, milady, qu'osez-vous demander?

LADY STRAFFORD.

De détruire, Édouard; au vôtre de fonder.

ÉDOUARD.

Quoi?

LADY STRAFFORD.

Le pouvoir que Dieu veut rendre à l'Angleterre,
En relevant des Stuarts le trône héréditaire.

ÉDOUARD.

Est-ce vous que j'entends?

LADY STRAFFORD.

Est-ce vous qui pensez,
Qu'adoptant de Mortins les rêves insensés,

Des lois, des rangs, des noms, je veuille le naufrage?
Les Stuarts pour aborder ont besoin d'un orage :
Il gronde ; j'en profite. Édouard, un effort !
De ceux que Dieu fit rois la fortune est au port.

ÉDOUARD.

George a du vœu de tous reçu le diadème :
L'élu de tout un peuple est celui de Dieu même.

LADY STRAFFORD.

Mais ce peuple, pour nous il peut se déclarer.

ÉDOUARD.

De Mortins et des siens devez-vous l'espérer ?

LADY STRAFFORD.

Qu'importe ! un bras vengeur s'avance à leur rencontre ;
La victoire est pour lui.

ÉDOUARD.

     Les intérêts sont contre ;
Les souvenirs aussi qui le repousseront.
Vous vous briserez là ; car vous heurtez de front
Les besoins et les droits, l'orgueil de la patrie :

Oui, l'empreinte des fers qui jadis l'ont meurtrie,
Elle la porte encor; c'est en la regardant
Qu'elle ira d'un seul bond de Londre au Prétendant.

LADY STRAFFORD.

Pour tomber à ses pieds, si votre voix puissante
Veut qu'elle aille y courber sa tête obéissante,
Rendez de son amour l'héritage à vos rois.

ÉDOUARD.

Non; c'est déshériter mon pays de ses droits.

LADY STRAFFORD.

Leur malheur les éclaire.

ÉDOUARD.

    Ils l'oublîraient encore.

LADY STRAFFORD.

Ne calomniez pas leur cause que j'adore.
La liberté, mon culte avec vous la confond;
J'ai dû de la comprendre au sentiment profond,
Enthousiaste, ardent que son vengeur m'inspire.
En m'en laissant charmer j'ai subi votre empire;

Car je hais, Édouard, ou j'aime à votre gré;
Avez-vous rien de saint qui ne me soit sacré?
Son triomphe est le but qu'un héros se propose;
Ma cause c'est la sienne: aimez-la, cette cause,
De l'amour que ce cœur m'a si longtemps porté;
De mon amour pour vous j'aime la liberté.

ÉDOUARD.

Et de qui, juste ciel! la feriez-vous dépendre!

LADY STRAFFORD.

Du génie éloquent qui seul peut la défendre,
De vous: sur ce dépôt c'est vous qui veillerez;
Faites régner les Stuarts, et vous gouvernerez.

ÉDOUARD.

Qui? moi!

LADY STRAFFORD.

   Leur volonté par ma voix vous confère
Le droit d'agir pour eux, et le pouvoir de faire
Tout ce qu'ordonnera l'urgence du moment,
Comme premier ministre à leur avénement.

ÉDOUARD.

Moi!...

LADY STRAFFORD, lui présentant un papier.

Cet acte en fait foi.

ÉDOUARD.

Je ne le veux pas lire.

LADY STRAFFORD.

Quand leur main l'a signé!

ÉDOUARD.

La mienne le déchire.
Ma conduite est tracée.

LADY STRAFFORD.

Où courez-vous?

ÉDOUARD.

Je doi
Marcher contre le peuple et voter pour la loi.

ACTE IV, SCÈNE VIII.

LADY STRAFFORD.

La liberté de tous par elle est suspendue.

ÉDOUARD.

Dans l'intérêt de tous.

LADY STRAFFORD.

Allez!... je suis perdue.

ÉDOUARD.

Vous!

LADY STRAFFORD.

Perdue, Édouard.

ÉDOUARD.

Un complot sans effet
Sera sans châtiment.

LADY STRAFFORD.

Je sais ce que j'ai fait.

ÉDOUARD.

Vous seule.

LADY STRAFFORD.

Dans la loi ma sentence est écrite.

ÉDOUARD.

Vain effroi !

LADY STRAFFORD.

Je vous dis que ma tête est proscrite.

ÉDOUARD.

Au péril de mes jours je la protégerai ;
Ma demeure est pour vous un refuge assuré.

LADY STRAFFORD.

On m'y viendra chercher.

ÉDOUARD.

Ne craignez pas qu'on l'ose !

LADY STRAFFORD.

On l'osera.

ÉDOUARD.

Jamais !

LADY STRAFFORD.

Je suis lady Montrose.

EDOUARD.

Grand Dieu !

LADY STRAFFORD.

De me sauver aurez-vous le pouvoir ?

EDOUARD.

Ah ! que m'avez-vous dit ! qui ? vous ! puis-je encor voir
La femme dont mon cœur rêvait la noble image,
Qu'absente j'honorai d'un si constant hommage,
Dans celle...

LADY STRAFFORD.

Achevez donc : que vous méprisez,

ÉDOUARD.

Non,
Oh! non : j'ai beau haïr, détester ce faux nom
Qui vous a fait descendre et vous devient funeste,
Je vous aime encor plus que je ne le déteste.

LADY STRAFFORD.

Mais ce nom, j'en suis fière; il m'honore à mes yeux:
Porté par un martyr, il fut victorieux;
Je l'ai ressuscité; moi, femme, à sa mémoire
J'ai d'un parti déchu rattaché la victoire;
Et qui donc m'y poussa? mes rois seuls! ah! crois-moi,
Je l'avoue à ma honte, Édouard, ce fut toi;
Ce fut par toi, pour toi que je devins rebelle :
Le courage qu'il faut, jeune, opulente et belle,
Pour jeter au hasard un sort si fortuné,
L'ont-ils mis dans mon sein? Non, tu me l'as donné.
L'amour a triomphé de ma faible nature.
Je rêvais dans la leur ta puissance future;
Je t'imaginais grand de toute leur grandeur;
Ah! que dis-je! ta gloire éclipsait leur splendeur,
Ta gloire est mon idole, et je suis fanatique :
Je m'y sacrifiai par un acte héroïque.

Est-ce folie? hélas! je le sais d'aujourd'hui;
J'étais folle en effet; car j'ai bravé pour lui
La mort, et c'est par lui que je cesse de vivre;
Plus que la mort, la honte; et c'est lui qui m'y livre!

ÉDOUARD.

Vous ne le craignez pas! votre amant, votre époux
N'a rien, hormis l'honneur, de plus sacré que vous.

LADY STRAFFORD.

Ah! pardon, j'avais tort; de ma triste fortune,
De mes dangers, pardon si je vous importune!
Je voudrais fuir d'ici; mais où porter mes pas?
Si j'y reste, du moins, vous ne m'y verrez pas :
Lady Martha chez vous m'a seule accompagnée;
Adieu! je la rejoins.

ÉDOUARD.

Julia!

LADY STRAFFORD.

Résignée
Au sort que me fera cet honneur rigoureux,
C'est vous que je plaindrai : vous serez malheureux.
Pourquoi l'être, Édouard? Follement révoltée.

J'ai cherché ma sentence et je l'ai méritée.
Pensez que c'est justice; et que ma vie enfin
Ne vaut pas qu'un regret en attriste la fin.
Tout a changé pour moi; mourir est mon envie:
Je ne suis plus aimée, et n'aime plus la vie.

ÉDOUARD.

Tu l'es encor; ta vie, ah ! c'est la mienne.

LADY STRAFFORD, avec exaltation.

Eh bien !
Défends-la donc pour toi ; défends, sauve ton bien.
Mon cœur souffre à t'en faire une loi tyrannique,
Mais ta victoire enfin est mon refuge unique,
Et quelque châtiment qui doive me frapper,
C'est par elle, Édouard, que j'y veux échapper.
O ciel ! et je verrais s'accomplir ce beau rêve;
Tu monterais au faîte où mon espoir t'élève,
Et te devant mes jours, j'y pourrais savourer
Le glorieux bonheur de te les consacrer !
Je n'ajouterai rien, non rien pour t'y résoudre;
Sois mon juge et prononce. Adieu ! tu peux m'absoudre,
Tu peux me perdre; à toi jusqu'au dernier moment,
Ou je vis pour t'aimer, ou je meurs en t'aimant;
J'attends mon sort. Adieu !

SCÈNE NEUVIÈME.

EDOUARD, seul.

      Son juge ! et ma sentence
Jette au glaive infamant cette noble existence.
L'honneur de mon vieux père, il se rattache au sien,
Et je l'immole aussi. Quel devoir que le mien,
S'il faut du même coup, pour que j'y persévère,
Frapper ce que j'adore et ce que je révère !
Mais me l'ordonne-t-il ?

   Prenant sur la table sa lettre qu'il laisse retomber.

      Cet homme à qui j'écris,
Que je sauve aux dépens des jours par moi proscrits,
De mon honneur perdu, ce ministre est coupable,
L'accabler fut mon droit ; que le peuple l'accable !
Ce que veut sa fureur ma raison le voulait ;
Pourquoi donc l'arrêter ? Si j'étais juste, il l'est.

Mais il va par lambeaux déchirer l'Angleterre....
Ne peut-il, satisfait d'abattre un ministère,
Rentrer, l'acte accompli, sous mon autorité?
Suis-je lord-maire enfin? Un lâche a déserté;
Dois-je, à l'opinion résistant pour ma perte,
Périr avec les miens au poste qu'il déserte?
Non, restons.

<small>On entend dans le lointain les premiers roulemens des tambours voilés, qui se rapprochent par degrés et se prolongent jusqu'à la fin de la scène.</small>

   Les voici! Ce bruit lugubre et lent
Va se changer pour Londre en un appel sanglant.
Quelques momens encor, c'en est fait! Je frissonne;
Et dans ma conscience, où chaque coup raisonne,
Le remords s'éveillant semble prendre une voix
Pour nommer la patrie et rappeler ses droits.
Leur généreux soutien dont le cercueil s'approche,
Comme il fut sans faiblesse, il resta sans reproche.
S'il pouvait du linceul s'élancer aujourd'hui,
De moi que dirait-il, et qu'aurait-il fait, lui?
Mais il m'entend, ce juste à qui ma voix s'adresse;
Sous son voile funèbre il tressaille, il se dresse,
Se découvre et répond : « Que me demandes-tu?
« Ne rien souffrir pour elle est-ce aimer la vertu?

ACTE IV, SCÈNE IX.

« Est-ce aimer le pays d'une mâle tendresse,
« Que de lui préférer honneur, père ou maîtresse ?
« Qui se donne au pays se donne tout entier.
« Viens, prends ton rang, suis-moi ; viens, mon digne héritier ;
« Viens te perdre toi-même, en sauvant sur ma tombe,
« Avec l'ordre qui meurt, la liberté qui tombe.
« Élève ton courage à ce pénible effort ;
« Ou si tu ne le peux, toi qui t'es cru si fort,
« Si tu manques de cœur pour cette noble tâche,
« Cache-toi ; tu fais bien : mais tu n'étais qu'un lâche ! »
J'irai, Névil, j'irai, je cours où tu m'attends.
Saint amour du pays, c'est ton cri que j'entends ;
J'obéis et me perds. Quel est donc ton empire,
Puisque je peux trouver, quand mon honneur expire,
Quand mon plus cher espoir vient de s'éteindre en moi,
Un douloureux plaisir à me vaincre pour toi !

Il a repris sur la table sa lettre qu'il emporte, et il s'élance hors de la scène. La toile tombe.

FIN DU QUATRIÈME ACTE.

ACTE CINQUIÈME.

ACTE CINQUIÈME.

Même salon qu'au quatrième acte, mais les vitres des trois fenêtres du fond sont brisées.

SCÈNE PREMIÈRE.

EDOUARD, assis près d'une table couverte de pamphlets et de journaux, et se tournant vers les fenêtres.

C'est par-là qu'à mes pieds ils jetaient des couronnes !
Volage opinion, pour que tu m'abandonnes,
Qu'ai-je fait ? mon devoir ; je n'ai plus un appui.

Prenant un des journaux.

La feuille de Mortins ! ah ! voyons :

« Hier la loi a passé, grâce à l'éloquence de celui qui
« l'avait le plus éloquemment combattue. Hier, aux funé-
« railles de Névil, tous les priviléges de la Cité ont été
« violés, encore par l'homme sur qui le peuple avait le
« plus compté pour les défendre. Nous l'aimions, cet

« homme ; aussi notre cœur se brise, la plume tombe de
« nos mains, et nous nous bornons à dire dans notre dou-
« leur : Anglais, ce n'est pas sur Névil qu'il faut pleurer. »

        Jusqu'à lui,
Qui croirait s'avilir en prenant ma défense !
Et c'est un cœur bien né, c'est mon ami d'enfance ;
Mais j'ai fait à sa honte échouer son dessein ;
L'amitié pour toujours est morte dans son sein.
Aucune injure, au moins, n'échappe à sa colère.

<small>   Frappant de la main sur un autre journal qu'il vient de prendre.</small>

Ma terreur, c'est Godwin. Que dit-il de mon père ?

<small>   Après avoir jeté les yeux sur le journal.</small>

Ciel, Julia !...

<small>   Lisant.</small>

« Il n'est bruit que du pèlerinage fait à Londres par la
« belle lady Strafford, si célèbre sous le nom de lady
« Montrose. Dans plusieurs entrevues, tout à fait confi-
« dentielles, avec un jeune orateur qu'elle voulait gagner
« à sa cause, elle a, dit-on, dépassé de beaucoup les in-
« structions de son royal amant. Mais que ne pardonne-t-
« on pas au dévouement politique !

Chez moi son danger la conduit ;
Pour la déshonorer l'outrage l'y poursuit.
Achevons :

« Quant à l'éclatante défection dont tout le monde parle,
« elle s'explique très-naturellement, par une somme de
« vingt-cinq mille livres sterling donnée de la main à la
« main, par une promesse de pairie qu'on ne tiendra pas,
« et par l'offre d'un ministère qu'on ne veut plus donner.
« Au reste, on pourra se convaincre, en lisant la lettre
« suivante dont nous garantissons l'authenticité, que
« l'apostasie à beaux deniers comptans était pour l'hono-
« rable Édouard Lindsey une tradition de famille.

Puis la lettre, et plus bas :

« Les amis du pays verront avec plaisir, dans l'intérêt
« du trésor, que le taux des consciences parlementaires
« a beaucoup baissé ; celle du fils est de vingt-cinq mille
« livres sterling meilleur marché que celle du père. »

Je m'indigne !
D'un duel avec moi l'imposteur n'est pas digne ;
Mais il me faut son sang.

Après avoir écrit un billet.

Quand je l'aurai versé,
L'opprobre d'un vieillard sera-t-il effacé ?
Il n'en mourra pas moins, ma vengeance assouvie,
Du démenti qu'un jour donne à toute sa vie.

Il reste la tête appuyée sur ses deux mains.

SCÈNE DEUXIÈME.

ÉDOUARD, SIR GILBERT, tenant un journal.

SIR GILBERT, qui s'est avancé vers son fils à pas lents.

Édouard!

ÉDOUARD.

Vous!

SIR GILBERT.

Ton père a pendant soixante ans
Passé pour honnête homme.

ÉDOUARD.

Et, comme de son temps,
Il est l'honneur du nôtre.

SIR GILBERT.

Il s'est vendu, ton père.

ÉDOUARD.

Qui le dit dans une heure aura vécu, j'espère.

SIR GILBERT.

Mais qui le dit le prouve : as-tu lu ce papier ?

ÉDOUARD.

Oui.

SIR GILBERT.

La lettre de moi qu'on vient d'y publier,
L'as-tu lue ?

ÉDOUARD.

A l'instant.

SIR GILBERT.

T'avait-on fait connaître
Avant de m'en flétrir, qu'elle y devait paraître ?

ÉDOUARD.

Mortins.

SIR GILBERT.

Et pouvais-tu sauver ma dignité,
En m'épargnant l'affront de la publicité?

ÉDOUARD.

Moi!

SIR GILBERT.

Dis, le pouvais-tu?

ÉDOUARD.

Je ne le pouvais faire
Sans trahir mon devoir.

SIR GILBERT.

Et pour y satisfaire,
Ce sont mes cheveux blancs que vous avez trahis?

EDOUARD.

Il fallait immoler mon père ou mon pays.

SIR GILBERT.

Mais vous n'aviez pas cru la lettre véritable?

ÉDOUARD.

Je l'avais vue.

SIR GILBERT.

Ainsi vous me jugiez coupable?

ÉDOUARD.

Non.

SIR GILBERT.

Vous doutiez au moins?... répondez!

<small>Édouard s'agenouille devant son père.</small>

J'ai compris:
Sans parler, c'est répondre; et pourtant ce mépris
D'autant plus accablant qu'à vos yeux légitime
Il frappait un coupable et non une victime.
Ce mépris qui sur vous retombait par moitié,
Quoi! sans respect pour moi, pour tous deux sans pitié,
Esclave d'un devoir que n'eût rempli personne,
Vous l'avez affronté!

ACTE V, SCÈNE II.

ÉDOUARD.

Pardon !

SIR GILBERT.

Que je pardonne !
A qui, mon fils ? à toi ! quand ce cœur palpitant,
Qui d'un pieux orgueil se gonfle en t'écoutant,
Éclate, et sent se fondre en larmes de tendresse
L'enthousiasme pur dont j'étouffais l'ivresse.
Que je pardonne ! ah ! viens : ta place est dans mes bras !

ÉDOUARD.

Mon père !

SIR GILBERT.

Laisse-les t'insulter, les ingrats :
Ta défaite est, mon fils, ta plus sainte victoire.
Mon affront fait ma joie, et ma honte est ma gloire,
Ma couronne d'honneur au terme de mes jours.
Je suis pur, Édouard, et je le fus toujours ;
Mais ton égal, mais plein du beau feu qui t'anime,
Mais martyr du devoir à cet excès sublime,
L'ai-je été ? Ce long temps que ton père a vécu
Vaut-il un jour de toi ? non, non ; tu m'as vaincu,

Et, fier, je m'humilie avec ma vie entière
Devant un seul instant de ta noble carrière.

ÉDOUARD.

Oui, pur! mon cœur cent fois me l'a dit avant vous;
Et vous le prouverez à la face de tous.

SIR GILBERT.

J'en réserve à Mortins la preuve irrécusable;
Mais quel souci nous trouble! un bruit si misérable
Tombe, quand le public, un moment abusé,
Avec l'accusateur confronte l'accusé.
L'estime est quelque chose.

ÉDOUARD.

Ah! pour vous; mais pour elle,
Pour le nom d'une femme, une injure est mortelle.

SIR GILBERT.

Je t'entends, Édouard; je plains lady Strafford,
Et je la plains surtout de mériter son sort.
Qui brave un préjugé provoque une injustice;
Et pour trouver en soi le prix du sacrifice,
Il faut qu'un dévoûment, d'intérêt dégagé,

Vous ait fait par vertu braver ce préjugé.
Il n'en est pas ainsi.

ÉDOUARD.

De grâce !

SIR GILBERT.

Je m'arrête
En pensant au danger qui plane sur sa tête.
Chez toi, dans ton absence, hier je suis venu,
J'ai vu lady Strafford, et, son secret connu,
D'agir en sa faveur j'ai senti l'importance,
Et j'ai de Caverly réclamé l'assistance.

ÉDOUARD.

Sa réputation, comment la recouvrer ?

SIR GILBERT.

En lui donnant ton nom tu peux tout réparer.

ÉDOUARD.

Je vengerai d'abord elle, vous et moi-même.

SIR GILBERT.

Un duel ! Tu prendrais pour arbitre suprême
Le hasard d'un duel entre un infâme et toi !
Écoute : j'ai du cœur, et ma vie en fait foi ;
Mais je tiens que se battre est un pauvre courage,
Quand le combat vous souille encor plus que l'outrage.
A quoi sont bons ses jours, au mépris dévolus ?
L'État n'en a que faire et l'honneur n'en veut plus ;
Les tiens sont l'honneur même, une cause à défendre,
Des services rendus, des services à rendre.
La vertu, la patrie ont des droits sur les tiens,
Plus tu te sens utile et moins tu t'appartiens.
Le lâche, diras-tu, peut tenir ce langage ;
L'homme de cœur le doit : pour relever le gage
Qu'une insulte à mon nom jette sur mon chemin,
Je veux, en le touchant, ne pas salir ma main.
Là, ce serait l'opprobre avec la gloire aux prises.
Fais fi de ta vengeance : un sang que tu méprises
Ne vaut pas, ô mon fils, pour laver ton affront,
Les pleurs sacrés qu'un père a versés sur ton front.

ÉDOUARD.

Ne pouvant la venger, qu'au moins je la console :

Ah ! venez.

SIR GILBERT.

Caverly m'a donc tenu parole ;
Car près d'elle, Édouard, il t'avait devancé.
Voyons !

SCÈNE TROISIÈME.

LES PRÉCÉDENS, **CAVERLY**, sortant de l'appartement de lady Strafford.

CAVERLY, qui s'arrête au fond, en regardant les fenêtres.

Comme chez moi !

A Édouard.

Leur rage a tout cassé ;
Mais, du moins, si quelqu'un veut nier mes services,
Je puis de mon hôtel montrer les cicatrices.
Ce sont près d'Harrington nos titres aujourd'hui.

ÉDOUARD.

Faites-les valoir seul ; je n'attends rien de lui.

SIR GILBERT.

Que sa protection pour...

CAVERLY, à Edouard.

Votre prisonnière :
Elle vous est acquise et vous l'aurez entière.
On fermera les yeux sur son prochain départ...

ÉDOUARD.

Son départ !

CAVERLY.

Mais sa route est une affaire à part :
On veut la lui choisir; à moins qu'un mariage,
Dont on parlait beaucoup, n'écarte tout ombrage;
Auquel cas, plus d'exil ! C'est un cœur converti :
L'avenir politique est par vous garanti.
Voilà ce qu'elle vient d'écouter en silence;
Car j'ai parlé tout seul dans notre conférence.

ÉDOUARD.

Au ministre pourtant vous transmettez son choix?

CAVERLY.

Non; une révérence, à défaut de sa voix,

M'a dit, en y mettant une grâce infinie :
Privez-moi du plaisir de votre compagnie.
A quoi j'ai répondu par un salut bien bas,
Qui disait : je comprends, et ne me fâche pas.

SIR GILBERT.

Je suis reconnaissant de votre bon office.

ÉDOUARD.

Moi, plus encor.

CAVERLY.

Comment ! c'était une justice.
Vainqueur, le ministère est par vous raffermi,
Et certe il ne doit pas vous aimer à demi :
Mais ce qu'il aurait fait, il ne peut plus le faire.

EDOUARD.

Mon nom dans le conseil serait impopulaire,
N'est-ce pas ?

CAVERLY.

C'est absurde, et c'est vrai cependant.
Aussi, quand, de nos jours, on est indépendant,

On a l'air, mon ami, d'insulter tout le monde.
J'ai pour l'indépendance une estime profonde;
Il en faut dans quelqu'un, et vous l'avez prouvé :
Je ne sais pas, sans vous, quel homme eût tout sauvé?
Mais vous n'en recueillez que malheur, qu'amertume;
On vous pique, on vous mord, de la poudre on exhume
Je ne sais quel écrit...

ÉDOUARD.

Que mon père dément.

CAVERLY.

Avant lui je l'ai fait ; car je trouve alarmant,
Immoral, que la presse à la rigueur nous juge
Sur des torts arriérés qui datent du déluge.
De nos erreurs du jour nous avons bien assez.
Ce Godwin a fouillé dans vos actes passés;
On l'approuve, il triomphe, à tout il peut prétendre.
La popularité qui ne sait où se prendre,
S'accroche à lui.

ÉDOUARD.

Ce choix est aussi trop honteux!

SIR GILBERT.

Cela prouve, Édouard, qu'il en existe deux :
La bonne et la mauvaise.

CAVERLY, à Édouard.

Oui, ce n'est pas la vôtre ;
Mais moi, je n'ai voulu de l'une ni de l'autre,
Pour ne pas les confondre.

SCÈNE QUATRIÈME.

LES PRÉCÉDENS, LADY STRAFFORD.

SIR GILBERT, qui veut se retirer en voyant entrer lady Strafford.

Édouard, je revien.

LADY STRAFFORD, à sir Gilbert et à Caverly.

Demeurez.

ÉDOUARD.

Julia ! je ne regrette rien,
Non, je n'ai rien perdu si votre amour me reste.

LADY STRAFFORD.

Vous n'avez pas besoin que ma bouche l'atteste;
Mon cœur vous est connu; mais, interrogez-vous:

Cet éclat d'un nom pur que recherche un époux
Dans l'objet respecté du choix dont il s'honore,
Puis-je, en donnant ma main, vous l'apporter encore?
Le monde me condamne ; il doit juger ainsi

En regardant Caverly.

Ce qu'il eût admiré si j'avais réussi,
Et ce blâme d'autrui qu'on brave pour soi-même,
Le peut-on affronter pour la femme qu'on aime?
C'est à vous, sir Gilbert, plus qu'à lui de le voir.
A ses engagemens je ne veux rien devoir,
Rien à de vains égards qui sont une faiblesse.

A Édouard.

Vous rendant votre foi, je reprends ma promesse ;
Ainsi vous n'avez plus de liens à briser ;
Soyez libre, Édouard ; loin de vous imposer
Des nœuds dont en espoir je fus heureuse et fière,
Pour vous en affranchir, je les romps la première.

ÉDOUARD.

Ces nœuds font mon orgueil ; Julia, vous venger,
Protester hautement contre un bruit mensonger,
Du monde, par mon choix, confondre l'injustice,

C'est dignité, c'est gloire, et non pas sacrifice.
Ne balancez donc plus.

LADY STRAFFORD.

              Vous ne l'approuvez pas,
Sir Gilbert.

SIR GILBERT.

Je l'approuve; il ferait trop de cas
D'un arrêt que pour vous dément sa propre estime,
Si par respect humain il en était victime.

LADY STRAFFORD.

Ce cœur reconnaissant vous rend grâce à tous deux :
Vous l'avez consolé; le plus cher de mes vœux,
Édouard, le dernier, ce fut de vous entendre
Adoucir mes regrets par un respect si tendre.
J'emporte dans l'exil où je dois vous chérir
Un souvenir de vous qui ne peut plus mourir.

CAVERLY.

Dans l'exil!

ÉDOUARD.

Par vous-même à mon amour ravie,

Tromper l'unique espoir où j'attachais ma vie,
Quand rien ne nous doit plus séparer désormais,
Partir, et vous m'aimez !

LADY STRAFFORD.

Plus qu'on n'aima jamais ;
Plus que je ne puis dire, et pourtant je vous quitte.
J'ai contracté pour vous la dette que j'acquitte.
Je ne m'en dédis point, ce parti dangereux,
Pour vous je l'adoptai ; j'y persiste pour eux.
Il faut que je les suive, ou que je les ramène.
Ce qui n'était qu'amour peut-être et gloire humaine,
Aujourd'hui c'est devoir ; je n'ai pas murmuré
Quand votre honneur par vous fut à moi préféré ;
Mais ferais-je, à mon tour, ce que le mien m'ordonne
Si j'abandonnais ceux que le sort abandonne ?
Qu'ils reviennent vainqueurs : avec eux je reviens ;
Je reviens en triomphe, et je vous appartiens...

ÉDOUARD.

Vain espoir !

CAVERLY.

Il dit vrai...

SIR GILBERT.

Car leur cause est perdue.

LADY STRAFFORD.

Jusqu'à la fin du moins je l'aurai défendue.
Le temps seul, Édouard, peut dégager ma foi,
Et libre... mais alors penserez-vous à moi?

EDOUARD.

Vous pleurez! ce dessein...

LADY STRAFFORD.

Il est irrévocable ;
Et mon amour pour vous n'est pas plus immuable.
N'espérez rien des pleurs qui roulent dans mes yeux ;
Pourquoi les retenir, quand ce sont des adieux
Qu'à peine de retour ici je vous adresse ?
Vous cacher ma douleur, c'est nier ma tendresse :
Voyez-la, mon ami; mais ne m'arrêtez plus;
Si je n'étouffais pas ces regrets superflus,
On pourrait sur mon front en retrouver la trace ;

En jetant un coup d'œil sur Caverly.

Pour des yeux ennemis il faut que je l'efface ;

Car je veux dignement soutenir leurs regards :
Ces pleurs m'aviliraient ; je les sèche et je pars.

ÉDOUARD, qui veut la suivre.

Du moins...

SIR GILBERT.

Reste, et commande au transport qui t'agite.

SCÈNE CINQUIÈME.

LES PRÉCÉDENS, excepté LADY STRAFFORD;
WILLIAM.

WILLIAM, annonçant.

Monsieur Mortins!

ÉDOUARD.

Chez moi!

CAVERLY.

Mon Dieu! c'est la visite
Dont vos chers électeurs vous menaçaient tout haut,
Et que j'aurais bien dû vous annoncer plus tôt.

SIR GILBERT.

Dans quel but viennent-ils? Veuillez donc nous l'apprendre.

CAVERLY.

Ils viennent... Mais, tenez; vous allez les entendre.

SCÈNE SIXIÈME.

LES PRÉCÉDENS, MORTINS, THOMAS GOFF,
DÉPUTATION D'ÉLECTEURS.

ÉDOUARD.

Puis-je savoir, messieurs, à quel motif je dois
L'honneur inespéré que de vous je reçois?

MORTINS.

Choisi pour exprimer un vœu dont je regrète
Que vos anciens amis m'aient rendu l'interprète,
J'ai cru devoir céder; et ce vœu, le voici.

THOMAS GOFF, apercevant Caverly.

C'est comme un fait exprès : je ne viens pas ici,
Que monsieur, dès l'abord, à mes yeux ne se montre.

CAVERLY.

Il faut bien, quand j'y suis, que monsieur m'y rencontre.

MORTINS, qui a fait signe à Thomas Goff de se contenir.

Si vous avez de nous reçu votre mandat,
Ce fut en contractant, pour qu'on vous l'accordât,
L'engagement sacré d'être en tout point l'organe,
L'écho des sentimens de ceux dont il émane.
L'avez-vous été? non. Mon cœur en a saigné,
Et de vous sans douleur ne s'est pas éloigné.
Je laisse là les bruits qu'on se plait à répandre ;
Ma plume, en vous blâmant, n'y voulut pas descendre :
Un fait donné pour vrai peut être controuvé,
Et je le maintiens faux tant qu'il n'est pas prouvé.

SIR GILBERT.

C'est honorer, monsieur, et vous-même et la presse.

MORTINS.

Mais un reproche juste et que je vous adresse,
Est d'avoir, au mépris du choix qu'on fit de vous,
Tourné, sous nos drapeaux, vos armes contre nous.
D'avoir répudié notre foi politique.
Soit erreur, soit raison, dans un moment critique,
Vous l'avez fait ; le pacte est par vous déchiré :
Rendez-nous le mandat qui vous fut conféré.

EDOUARD.

A ce dernier affront j'étais loin de m'attendre.

THOMAS GOFF.

Et vous ne trouvez pas un mot pour vous défendre !
Je vous connais donc, moi, qui vous ai tant aimé,
Et qui devrais, morbleu ! me battre à poing fermé
Pour m'être si longtemps trompé sur votre compte.
Comment, de père en fils !

MORTINS, qui veut le calmer.

Songez....

THOMAS GOFF.

C'est une honte.
Monsieur ne veut rien croire, eh bien, moi, je crois tout :
Le mal est toujours vrai quand on le dit partout.
Devant un mot de vous je tombais en extase;
Mais je suis revenu des grands faiseurs de phrase.
Je veux des hommes purs, incorruptibles, francs,
Comme monsieur Godwin que j'ai mis sur les rangs.

ÉDOUARD.

Pour me remplacer?

THOMAS GOFF.

Oui, c'est un homme sincère;

A Mortins.

Et, quoique vous aussi soyez son adversaire,
Je le ferai nommer, parce qu'il ne voudra,
Ne dira, ne fera que ce qui nous plaira,
Quelque bill qu'on propose; il l'a juré d'avance,
Et moi, ce qu'il me faut, c'est de l'indépendance.

ÉDOUARD.

Vous n'êtes pas encor par lui représenté :
Je garde mon mandat.

MORTINS.

Vous!

ÉDOUARD.

Quand je l'acceptai,
Je promis d'exercer ce droit en honnête homme;

Rien de plus ; et celui qui, voulant qu'on le nomme,
Engage un avenir que nul ne peut prévoir
Est l'esclave du peuple ou celui du pouvoir.
Je verrai si plus tard il faut que je résigne
Un droit qui m'appartient et dont je reste digne ;
Le calme qui renaît peut être passager :
Je garde mon mandat tant qu'il offre un danger.

MORTINS.

Contre un vœu si formel ! monsieur, prenez-y garde.

THOMAS GOFF.

Si la chance nous vient, savez-vous...

ÉDOUARD.

        Je le garde.
Pour ne m'en dessaisir que par ma volonté ;
Je le garde pour dire à tous la vérité :
Au pouvoir sur son banc, au peuple sur la place,
A vous, puisque chez moi nous voilà face à face.

A Mortins.

Ami du bien, monsieur, mais ami dangereux,
Vous n'êtes plus pour moi qu'un rêveur généreux,

ACTE V, SCÈNE VI.   319

Qui, jugeant mal son temps, contre une théorie
Joûrait le sort de tous, sa tête et sa patrie.

CAVERLY.

C'est bien.

EDOUARD.

Vous, monsieur Goff, je vous connais à fond :
Pensant faire à vous seul ce que les autres font,
Vous croyez fermement, grâce à votre poitrine,
Endoctriner autrui quand on vous endoctrine.
Vous voulez être libre, et votre vanité,
Pour la défendre mieux, tûrait la liberté ;
Mais vous n'auriez jamais, dans un jour de désordre,
Que le demi-plaisir d'opprimer en sous-ordre.

THOMAS GOFF.

Monsieur !...

EDOUARD.

Pas davantage, et retenez ceci :
Un tyran subalterne est un esclave aussi.

CAVERLY.

Très-bien.

ÉDOUARD, *s'avançant vers Caverly, qui recule.*

Vous-même, enfin, vous dont l'indifférence
Rit de tout...

CAVERLY.

Halte-là : si j'en crois l'apparence,
Vous allez ajouter mes vérités aux leurs;
Je n'ai pas l'honneur d'être un de vos électeurs.
J'aime les vérités qu'aux autres l'on débite;
Les miennes, nullement; et je vous en tiens quitte.

Il sort en saluant avec un sourire railleur Thomas Goff, qui fait un geste d'impatience.

THOMAS GOFF.

A Édouard.

J'étouffe ! Si jamais vous demandez ma voix !....

MORTINS.

Nous nous sommes parlé pour la dernière fois :
Réfléchissez.

SIR GILBERT, *qui arrête Mortins et le ramène sur le devant de la scène.*

Deux mots : un écrit me dénonce

ACTE V, SCÈNE VI.

Lui montrant un papier.

Comme traître à l'honneur, et voici ma réponse.

MORTINS, *qui a regardé l'écriture.*

De mon père !

SIR GILBERT.

Lisez ; car ma défense est là.

MORTINS.

« MON AMI,

« C'en est fait de la mission dont mon opposition connue
« ne m'avait permis de me charger que sous le secret et
« par votre intermédiaire. Les cinquante mille livres ster-
« ling que vous m'avez remises pour les employer sur le
« continent à doter mon pays d'une industrie nouvelle,
« en y faisant passer la plupart des familles chassées de
« France par la révocation de l'édit de Nantes, cette somme
« immense, je l'ai jouée et je l'ai perdue. Ne publiez cette
« lettre que si elle devient indispensable à votre justifica-
« tion. Je vous le demande au nom de mon fils qui n'aura
« plus de père quand vous la recevrez.

FRANCIS MORTINS. »

Présentant la lettre à sir Gilbert.

Et vous la publirez, sans doute?

SIR GILBERT.

Brûlez-la.

MORTINS.

Mais à l'opinion, monsieur, qui vous immole
Qu'opposerez-vous donc?

SIR GILBERT.

Ma vie et ma parole.
Brûlez-la; ne dût-on me croire qu'à demi,
Je ne remûrai pas la cendre d'un ami.

MORTINS.

Ah! vous aurez justice, et je veux vous la rendre,
Autant que je le puis en respectant sa cendre.

A haute voix.

Ce que je dis ici partout je le dirai,
C'est que l'honneur, monsieur, vous fut toujours sacré,
Et qu'en le proclamant par un public hommage
Je venge la vertu dans sa plus noble image.

SIR GILBERT.

J'avais compté sur vous.

MORTINS, avec émotion.

Édouard, je t'aimais ;
Je t'aime... Séparés ; mais ennemis, jamais !

Aux électeurs.

Venez, Messieurs ; sortons.

SCÈNE SEPTIÈME.

SIR GILBERT, ÉDOUARD.

ÉDOUARD.

Trop de malheur m'accable !
Que manque-t-il au mien pour être irréparable,
Et que me reste-t-il enfin ?

SIR GILBERT.

Le sentiment
Que laisse au cœur de l'homme un noble dévoûment :
L'orgueil d'avoir bien fait ; n'est-ce rien ?

ÉDOUARD.

Je déteste
La popularité qui, pour moi si funeste,

M'a puni comme ami, comme fils, comme époux,
De n'avoir pas voulu ramper à ses genoux.

    SIR GILBERT, qui entoure Édouard de ses bras.

La poursuivre en esclave, ou la fuir est faiblesse.
Elle te reviendra, comme elle te délaisse :
Accepte son appui, s'il ne te coûte rien ;
Ne l'aime pas pour elle ; aime-la pour le bien,
Et reste indifférent quand elle t'abandonne ;
Car la seule fidèle est celle qui couronne
Des travaux accomplis et des jours sans remords :
Mais son laurier, mon fils, n'ombrage que les morts.

        FIN DU CINQUIÈME ET DERNIER ACTE.

VARIANTES

POUR LA REPRÉSENTATION.

VARIANTES

POUR LA REPRÉSENTATION.

ACTE IV.

SCÈNE PREMIÈRE.

Après ce vers :
On crira que j'attente aux droits de la Cité.

WILLIAM, qui rentre.

Monsieur Godwin !
  Etc., etc...

SCÈNE HUITIÈME.

ÉDOUARD, LADY STRAFFORD.

ÉDOUARD.

Et vous encouragez ses projets !

LADY STRAFFORD.

J'en suis l'âme.

ÉDOUARD.

A son bras, milady, qu'osez-vous demander?

LADY STRAFFORD.

De détruire, Édouard; au vôtre de fonder.

ÉDOUARD.

Quoi?

LADY STRAFFORD.

Le pouvoir que Dieu veut rendre à l'Angleterre,
En relevant des Stuarts le trône héréditaire.

ÉDOUARD.

Est-ce vous que j'entends?

LADY STRAFFORD.

Édouard, un effort!
De ceux que Dieu fit rois la fortune est au port.

ÉDOUARD.

George a du vœu de tous reçu le diadème.

L'élu de tout un peuple est celui de Dieu même.

LADY STRAFFORD.

Mais sur la liberté c'est vous qui veillerez;
Faites régner les Stuarts, et vous gouvernerez.

ÉDOUARD.

Qui? moi!

LADY STRAFFORD.

Leur volonté par ma voix vous confère
Le droit d'agir pour eux et le pouvoir de faire
Tout ce qu'ordonnera l'urgence du moment,
Comme premier ministre à leur avénement.

ÉDOUARD.

Moi!

LADY STRAFFORD, lui présentant un papier.

Cet acte en fait foi.

ÉDOUARD.

Je ne le veux pas lire.

LADY STRAFFORD.

Quand leur main l'a signé!

ÉDOUARD.

La mienne le déchire.
Ma conduite est tracée.

LADY STRAFFORD.

Où courez-vous?

ÉDOUARD.

Je doi
Marcher contre le peuple, et voter pour la loi.

LADY STRAFFORD.

La liberté de tous par elle est suspendue.

ÉDOUARD.

Dans l'intérêt de tous.

LADY STRAFFORD.

Allez!... je suis perdue.

ÉDOUARD.

Vous!

LADY STRAFFORD.

Perdue, Édouard!

ÉDOUARD.

Un complot sans effet
Sera sans châtiment.

LADY STRAFFORD.

Je sais ce que j'ai fait.

ÉDOUARD.

Vous seule.

LADY STRAFFORD.

Dans la loi ma sentence est écrite.

ÉDOUARD.

Vain effroi.

LADY STRAFFORD.

Je vous dis que ma tête est proscrite.

ÉDOUARD.

Au péril de mes jours je la protégerai ;
Ma demeure est pour vous un refuge assuré.

LADY STRAFFORD.

On m'y viendra chercher.

ÉDOUARD.

Ne craignez pas qu'on l'ose !

LADY STRAFFORD.

On l'osera.

ÉDOUARD.

Jamais.

LADY STRAFFORD.

Je suis lady Montrose.

ÉDOUARD.

Grand Dieu !

LADY STRAFFORD.

De me sauver aurez-vous le pouvoir ?

ÉDOUARD.

Ah ! que m'avez-vous dit ! qui ? vous ! puis-je encor voir
La femme dont mon cœur rêvait la noble image,
Qu'absente j'honorai d'un si constant hommage,
Dans celle...

LADY STRAFFORD.

Achevez donc : que vous méprisez.

VARIANTES.

ÉDOUARD.

Non,
Oh! non : j'ai beau haïr, détester ce faux nom
Qui vous a fait descendre et vous devient funeste,
Je vous aime encor plus que je ne le déteste.

LADY STRAFFORD.

Mais ce nom, j'en suis fière; il m'honore à mes yeux :
Porté par un martyr, il fut victorieux;
Je l'ai ressuscité; moi, femme, à sa mémoire
J'ai d'un parti déchu rattaché la victoire;
Et qui donc m'y poussa? mes rois seuls! Ah! crois-moi,
Je l'avoue à ma honte, Édouard, ce fut toi...
Mais soyez libre; allez! follement révoltée,
J'ai cherché ma sentence et je l'ai méritée.
Pensez que c'est justice; et que ma vie enfin
Ne vaut pas qu'un regret en attriste la fin.
Tout a changé pour moi; mourir est mon envie :
Je ne suis plus aimée, et n'aime plus la vie.

ÉDOUARD.

Tu l'es encor; ta vie, ah! c'est la mienne.

LADY STRAFFORD, avec exaltation.

Eh bien!

Défends-la donc pour toi; défends, sauve ton bien.
Mon cœur souffre à t'en faire une loi tyrannique,
Mais ta victoire enfin est mon refuge unique,
Et quelque châtiment qui doive me frapper,
C'est par elle, Édouard, que j'y veux échapper.
Je n'ajouterai rien, non, rien pour t'y résoudre;
Sois mon juge et prononce; adieu, tu peux m'absoudre;
Tu peux me perdre; à toi jusqu'au dernier moment,
Ou je vis pour t'aimer, ou je meurs en t'aimant;
J'attends mon sort. Adieu !

ACTE V.

SCÈNE QUATRIÈME.

LES PRÉCÉDENS, LADY STRAFFORD.

SIR GILBERT, qui veut se retirer en voyant entrer lady Strafford.

Édouard, je revien.

LADY STRAFFORD, à sir Gilbert et à Caverly.

Demeurez.

ÉDOUARD.

Julia ! je ne regrette rien,

Non, je n'ai rien perdu si votre amour me reste.

LADY STRAFFORD.

Vous n'avez pas besoin que ma bouche l'atteste;
Mon cœur vous est connu; mais, interrogez-vous :
Cet éclat d'un nom pur que recherche un époux
Dans l'objet respecté du choix dont il s'honore,
Puis-je en donnant ma main, vous l'apporter encore?
C'est à vous, sir Gilbert, plus qu'à lui de le voir.
A ses engagemens je ne veux rien devoir,
Rien à de vains égards qui sont une faiblesse.

A Edouard.

Vous rendant votre foi, je reprends ma promesse.

ÉDOUARD.

Ces nœuds font mon orgueil; Julia, vous venger,
Protester hautement contre un bruit mensonger,
Du monde, par mon choix, confondre l'injustice,
C'est dignité, c'est gloire, et non pas sacrifice.
Ne balancez donc plus.

LADY STRAFFORD.

    Vous ne l'approuvez pas,
Sir Gilbert.

SIR GILBERT.

  Je l'approuve; il ferait trop de cas

D'un arrêt que pour vous dément sa propre estime,
Si par respect humain il en était victime.

LADY STRAFFORD.

Ce cœur reconnaissant vous rend grâce à tous deux :
Vous l'avez consolé ; le plus cher de mes vœux,
Édouard, le dernier, ce fut de vous entendre
Adoucir mes regrets par un respect si tendre.
J'emporte dans l'exil où je dois vous chérir
Un souvenir de vous qui ne peut plus mourir.

CAVERLY.

Dans l'exil !

ÉDOUARD.

Par vous-même à mon amour ravie,
Tromper l'unique espoir où j'attachais ma vie,
Quand rien ne nous doit plus séparer désormais,
Partir, et vous m'aimez !

LADY STRAFFORD.

Plus qu'on n'aima jamais ;
Plus que je ne puis dire, et pourtant je vous quitte.
J'ai contracté pour vous la dette que j'acquitte.
Je ne m'en dédis point, ce parti dangereux,
Pour vous je l'adoptai ; j'y persiste pour eux.
Il faut que je les suive, ou que je les ramène.

VARIANTES.

Ce qui n'était qu'amour peut-être et gloire humaine,
Aujourd'hui c'est devoir. Je n'ai pas murmuré
Quand votre honneur par vous fut à moi préféré ;
Mais ferais-je, à mon tour, ce que le mien m'ordonne,
Si j'abandonnais ceux que le sort abandonne ?
Qu'ils reviennent vainqueurs : avec eux je reviens ;
Je reviens en triomphe, et je vous appartiens...

ÉDOUARD.

Vain espoir !

CAVERLY.

Il dit vrai...

SIR GILBERT.

Car leur cause est perdue.

LADY STRAFFORD.

Jusqu'à la fin du moins je l'aurai défendue.
Le temps seul, Édouard, peut dégager ma foi
Et libre !...... mais alors penserez-vous à moi ?

ÉDOUARD.

Vous pleurez ! ce dessein...

LADY STRAFFORD.

Il est irrévocable ;

Et mon amour pour vous n'est pas plus immuable.
N'espérez rien des pleurs qui roulent dans mes yeux;
Pourquoi les retenir, quand ce sont des adieux,
Qu'à peine de retour ici je vous adresse?
Vous cacher ma douleur, c'est nier ma tendresse :
Voyez-la, mon ami; mais ne m'arrêtez plus.
Si je n'étouffais pas ces regrets superflus,
On pourrait sur mon front en retrouver la trace;

En jetant un coup d'œil sur Caverly.

Pour des yeux ennemis il faut que je l'efface;
Car je veux dignement soutenir leurs regards.
Ces pleurs m'aviliraient; je les sèche et je pars.

ÉDOUARD, qui veut la suivre.

Du moins...

SIR GILBERT.

Reste, et commande au transport qui t'agite.

FIN DES VARIANTES.

Typographie de Rignoux, rue des Francs-Bourgeois-Saint-Michel, 8.